Joachim Henkel
Amt und Mandat

Amt und Mandat

Die Rechtsstellung der
in den Deutschen Bundestag gewählten
Angehörigen des öffentlichen Dienstes

von

Joachim Henkel

1977

Walter de Gruyter · Berlin · New York

CIP-Kurztitelaufnahme der Deutschen Bibliothek

Henkel, Joachim

Amt und Mandat : d. Rechtsstellung d. in d. Dt. Bundestag gewählten Angehörigen d. öffentl. Dienstes. — 1. Aufl. — Berlin, New York : de Gruyter, 1977.

ISBN 3-11-007299-8

Satz und Druck: Saladruck, 1000 Berlin 36. — Bindearbeiten: Wübben, 1000 Berlin 42. — Printed in Germany.

Inhaltsverzeichnis

1. Einleitende Übersicht ... 7
2. Kreis der inkompatiblen Ämter ... 9
2.1 Umfassende Inkompatibilität ... 9
2.2 Allgemeines Berufsausübungsverbot? ... 17
2.3 Professoren an Hochschulen ... 18
2.4 Wahlbeamte auf Zeit ... 21
2.5 Arbeiter des öffentlichen Dienstes ... 25
3. Rechte und Pflichten aus dem Dienstverhältnis während des Mandats ... 27
3.1 Der „formalisierte Gleichheitssatz“ ... 27
3.2 Ruhen der Rechte und Pflichten ... 30
3.3 Beamte im einstweiligen Ruhestand ... 35
3.4 Beamte auf Widerruf im Vorbereitungsdienst ... 38
4. Rechte und Pflichten aus dem Dienstverhältnis nach Beendigung des Mandats ... 39
4.1 Wiederverwendungsanspruch ... 39
4.2 Verpflichtung zur Rückkehr ... 42
4.3 Weiteres Ruhen der Rechte und Pflichten ... 46
4.4 Vorzeitiger Ruhestand mit Ruhegehalt? ... 48
4.5 Berücksichtigung von Mandatszeiten als Dienstzeiten ... 55
5. Zusammentreffen mehrerer Bezüge aus öffentlichen Kassen 58
5.1 Verfassungsrechtliche Grundfragen ... 58
5.2 Das System der Anrechnung im einzelnen ... 63
5.3 Probleme der Gesetzgebungskompetenz ... 71
5.4 Schlußbemerkung ... 73
6. Wahlvorbereitungsurlaub ... 74
7. Übergangsregelungen ... 78
8. Fehlen gesetzlicher Vorkehrungen gegen Bezüge aus „sog. Beraterverträgen“ ... 82
9. Schlußbetrachtungen ... 85
Anhang: Auszug aus dem Gesetz über die Rechtsverhältnisse der Mitglieder des Deutschen Bundestages (Abgeordnetengesetz — AbgG) vom 18. 2. 77 ... 91

1. Einleitende Übersicht*

Das „Diätenurteil" des Bundesverfassungsgerichts vom 5. November 1975[1] gab den letzten Anstoß für eine seit langem geforderte[2] und geplante[3], aber immer wieder aufgeschobene grundlegende Neugestaltung der Rechtsstellung der Abgeordneten in Bund und Ländern. Der Bundestag hat daraus wenige Tage vor Ablauf der 7. Wahlperiode als erster die erforderlichen Konsequenzen gezogen und am 8. Dezember 1976 ein umfassendes „Gesetz zur Neuregelung der Rechtsverhältnisse der Mitglieder des Deutschen Bundestages" beschlossen[4]. Es gliedert sich auf in das neue Abge-

---

* Das Manuskript wurde Ende Februar 1977 abgeschlossen.

1 BVerfGE 40, 296. Dazu: Norbert *Achterberg*, Parlamentsreform – Themen und Thesen, DÖV 1975, 833 (843/844); Peter *Conradi*, Parlamentarier in privilegienfeindlicher Demokratie. Anmerkungen eines Bundestagsabgeordneten zum „Diätenurteil" des Bundesverfassungsgerichts, ZParl 1976, 112; Peter *Häberle*, Freiheit, Gleichheit und Öffentlichkeit des Abgeordnetenstatus. Zum Diätenurteil des BVerfG, NJW 1976, 537; Joachim *Henkel*, Anmerkung zum „Diätenurteil" des BVerfG, DÖV 1975, 819; *Maunz*, in: Maunz/Dürig/Herzog, Grundgesetz, Komm., 3. Aufl., Art. 48 Rn. 18 ff. (Lieferung Januar 1976); Gerhard *Leibholz*, Bemerkungen zum Karlsruher Urteil, Deutsche Zeitung v. 14. 11. 1975; Christian-Friedrich *Menger*, Zur Kontrollbefugnis des Bundesverfassungsgerichts bei Verfassungsbeschwerden gegen Rechtsnormen – zum Diätenurteil des BVerfG v. 5. 11. 1975 –, VerwArch. 1976, 303; Uwe *Thaysen*, Die Volksvertretungen der Bundesrepublik und das Bundesverfassungsgericht: uneins in ihrem Demokratie- und Parlamentsverständnis, ZParl 1976, 3.

2 Vgl. Hans Herbert *von Arnim*, Die Abgeordnetendiäten, 1974; ders., Abgeordnetenentschädigung und Grundgesetz, 1975 (beides hrsg. vom Karl-Bräuer-Institut des Bundes der Steuerzahler); siehe auch Hartmut *Klatt*, Die finanzielle Stellung des Abgeordneten, ZParl 1971, 344.

3 Vgl. die Entschließung des Bundestages v. 5. 6. 1974 (BT-Drs. 7/2195, 7/2192/neu) sowie die Konstituierung des Beirats für Entschädigungsfragen am 17. 12. 1974, der sein zweites Gutachten im Juni 1976 übergab (BT-Drs. 7/5531, S. 32–56).

4 BGBl. 1977 I S. 297. Siehe auch den vom 2. Sonderausschuß, eingesetzt durch Beschluß v. 26. 11. 1976 (BT-Drs. 7/4333), erarbeiteten und interfraktionell

ordnetengesetz (Artikel I) und Änderungen des Einkommensteuergesetzes, Beamtenrechtsrahmengesetzes, Bundesbeamtengesetzes, des Deutschen Richtergesetzes, Soldatengesetzes, der Bundesrechtsanwaltsordnung und des Diätengesetzes 1968 (Artikel II bis VIII)[5]. Seine wesentlichen Teile sind am 1. April 1977 in Kraft getreten (Artikel X). Im Abgeordnetengesetz (AbgG) werden die Entschädigung (§ 11), das Übergangsgeld (§ 18)[6] und die Altersversorgung (§§ 19, 20)[7] der Mitglieder des Bundestages neu ausgestaltet und bemessen. Zugleich werden diese Einkünfte der Einkommensteuer unterworfen (§ 22 Ziff. 4 EStG)[8]. Der Kündigungsschutz des Art. 48 Abs. 2 Satz 2 GG wird erweitert (§§ 2 Abs. 3, 4 Abs. 1 AbgG)[9]. Die Abgeordneten werden erstmals gegen Krankheit gesichert (§ 27 AbgG)[10]. Die weiterhin steuerfreie Kostenpauschale wird angehoben (§ 12 AbgG). Ferner werden die Mittel für die Beschäftigung von Mitarbeitern um die Hälfte erhöht (§§ 12 Abs. 3, 35 AbgG), um nur einige Punkte herauszugreifen[11]. Der

---

eingebrachten *Entwurf* v. 29. 6. 1976 (BT-Drs. 7/5525), die als Begründung zu diesem Entwurf veröffentlichten *Materialien* v. 30. 6. 1976 (BT-Drs. 7/5531), den *Bericht und Antrag* des 2. Sonderausschusses v. 30. 11. 1976 (BT-Drs. 7/5903), die *Änderungsanträge* v. 6. 12. 1976 (BT-Drs. 7/5922) und v. 8. 12. 1976 (BT-Drs. 7/5529), die *Berichte und Reden im Bundestag* zur ersten Beratung (Stenographischer Bericht der 256. Sitzung des 7. Deutschen Bundestages am 1. 7. 1976, S. 18415 ff.) sowie zur zweiten und dritten Beratung (Stenographischer Bericht der 259. Sitzung des 7. Deutschen Bundestages am 8. 12. 1976, S. 18569 ff.) und schließlich die *Behandlung im Bundesrat* (Stenographischer Bericht der 442. Sitzung des Bundesrates am 17. 12. 1976, S. 441–442).

5 Siehe den Überblick von Rudolf *Kabel*, Das neue Abgeordnetengesetz von 1976, ZParl 1977, H. 1, S. 3 sowie Joachim *Henkel*, Das Abgeordnetengesetz des Bundestages. Kritische Anmerkungen und Ausblick auf die Landtage, DÖV Mai/1977, H. 10.

6 Dazu unten S. 44–46, 53, 70/71.

7 Dazu unten S. 53–55, 67–69.

8 Vgl. zum bisherigen Recht: Hans Herbert *von Arnim*, Die Steuerfreiheit von Abgeordnetendiäten ist verfassungswidrig, Der Betrieb 1972, 889; Kai-Uwe *von Hassel*, Steuerzahler und Parlament, Bulletin Nr. 141 v. 1. 10. 1971, S. 1513 (1515); Gerhard *Leibholz*, Gehalt statt Diäten, Deutsche Zeitung v. 21. 1. 1972.

9 Dazu unten S. 51/52.

10 Dazu unten S. 32/33, 76/77.

11 Siehe bisher das Gesetz über die Entschädigung der Mitglieder des Bundestages (*Diätengesetz 1968*) v. 3. 5. 1968 (BGBl. I S. 334), zuletzt geändert

entscheidende Umbruch vollzieht sich jedoch in der Rechtsstellung der in den Bundestag gewählten Angehörigen des öffentlichen Dienstes[12], der hier dargestellt und in seinen zahlreichen verfassungsrechtlichen Aspekten untersucht werden soll[13].

2. Kreis der inkompatiblen Ämter

2.1 Umfassende Inkompatibilität

Das Abgeordnetengesetz statuiert eine umfassende Unvereinbarkeit von Amt und Mandat für alle Angehörigen des öffentlichen Dienstes in Bund und Ländern (§§ 5 und 8 AbgG). Sie erfaßt im Unterschied zum bisherigen Recht (§ 7 des Rechtsstellungsgesetzes – RStG –) auch die Professoren an Hochschulen im Sinne des § 43 des Hochschulrahmengesetzes[14] und die Wahlbeamten auf Zeit[15]. Nicht einbezogen sind dagegen die leitenden Angestellten privater Unternehmen, die von der öffentlichen Hand beherrscht werden, obgleich dies zulässig gewesen wäre[16] und wegen denkbarer Interessenkollisionen im Bereich der Länderparlamente auch anzutreffen ist[17]. Ausgenommen bleiben ferner Beamte „ohne Dienstbe-

---

durch Gesetz v. 18. 8. 1968 (BGBl. I S. 2195) sowie den Bundeshaushaltsplan für das Haushaltsjahr 1975, Einzelplan 02, Deutscher Bundestag, Titel 41101 bis 41152.

[12] Siehe bisher besonders das Gesetz über die Rechtsstellung der in den Deutschen Bundestag gewählten Angehörigen des öffentlichen Dienstes v. 4. 8. 1953 (BGBl. I S. 777), zuletzt geändert durch Gesetz v. 21. 8. 1961 (BGBl. I S. 1557) (künftig: *Rechtsstellungsgesetz – RStG).* Zum bisherigen Recht und den aufgrund des „Diätenurteils“ gebotenen Änderungen: Horst *Dietrich,* Beamte als Abgeordnete und das Diätenurteil des Bundesverfassungsgerichts, ZBR 1975, 97; Joachim *Henkel,* Die Auswahl der Parlamentsbewerber, 1976, S. 19 ff.

[13] Siehe auch: Alfred *Drescher,* Die Neuregelung der Rechtsverhältnisse der in den Bundestag gewählten Angehörigen des öffentlichen Dienstes, Recht im Amt 1977, H. 3, S. 51; Joachim *Henkel,* Die Rechtsstellung der in den Bundestag gewählten Beamten, ZBR 1977, H. 4, S. 113.

[14] Dazu unten S. 18–21.

[15] Dazu unten S. 21/22.

[16] BVerfGE 38, 326.

[17] Vgl. § 3 Abs. 1 c) des Gesetzes Nr. 970 über den Landtag des Saarlandes v. 20. 6. 1973 (Amtsbl. S. 517).

züge" wie Ehrenbeamte[18] oder Beamte auf Widerruf im Vorbereitungsdienst (§ 5 Abs. 3 AbgG)[19] und die Arbeiter des öffentlichen Dienstes[20].

Die angeordnete weitreichende Inkompatibilität von Amt und Mandat[21] ist verfassungsrechtlich nicht zwingend geboten. Vom grundsätzlichen Anliegen des Art. 137 Abs. 1 GG her[22] hätte es sogar nahegelegen, den Kreis der mit dem Mandat inkompatiblen Ämter enger als bisher zu ziehen[23]. Denn ein seit 1949 ständig wachsender Teil der Angehörigen des öffentlichen Dienstes nimmt Funktionen wahr, bei deren Zusammentreffen mit dem Mandat keine Interessenkollision oder „Verfilzung" zu befürchten ist. Es kommt hinzu, daß den in ein Parlament gewählten Angehörigen des öffentlichen Dienstes als Ausgleich für die Inkompatibilität künftig keine Ruhestandsbezüge mehr gezahlt werden dürfen[24]. Sie könnten sich folglich nunmehr finanziell schlechter stehen als Abgeordnete, die auch während des Mandats aus ihrem Beruf noch

---

[18] Materialien (s. Anm. 4), S. 15. Siehe bisher die ausdrückliche Ausnahme für diesen Personenkreis in § 7 RStG.

[19] Dazu unten S. 38/39.

[20] Dazu unten S. 25–27.

[21] Eine Übersicht der bisherigen Inkompatibilitätsregelungen der Länder bieten Peter *Hübner*, ZParl 1969, 41 und Jürgen *Massengeil*, ZParl 1971, 44. Zur „Unvereinbarkeit von Parlamentsmandat und Exekutivfunktionen in ausländischen Rechtsordnungen": Walter W. *Schmidt*, ZParl 1970, 181; P. und M. *Kromarek*, Die Kumulation von parlamentarischem Mandat und privater Tätigkeit in Frankreich und Deutschland, DÖV 1974, 458; Robert *Adam*, Zur Beteiligung öffentlicher Bediensteter an der Legislative – ein Vergleich mit der Regelung in USA –, BayVBl. 1962, 375; Michel *Ceoara*, Les Incompatibilités Parlementaires en France et à l'Etranger, Notes et Etudes Documentaires, Paris 1974, Nr. 4 106–4 107.

[22] Dazu: BVerfG, a. a. O. (s. Anm. 16), S. 338/339; BVerfG, a. a. O. (s. Anm. 1), S. 320/321; G. C. *von Unruh*/W. *Frotscher*, Die Entwicklung des Inkompatibilitätsprinzips im neuen deutschen Verfassungsrecht, DVBl. 1969, 821; Dimitris *Tsatsos*, Die verfassungsrechtliche Problematik der Inkompatibilität von Richteramt und Mandat, DRiZ 1964, 251 (252); ders., Die parlamentarische Betätigung von öffentlichen Bediensteten. Das Problem ihrer Beschränkbarkeit, 1970; Willi *Thiele*, Zur Problematik der Inkompatibilität im kommunalen Bereich, DVBl. 1969, 825.

[23] In diesem Sinne bereits 1956 E. *Jess*, Bonner Kommentar, Art. 137 GG, Anm. II A 8 c.

[24] Dazu unten S. 27 ff.

Einkünfte erzielen können[25]. Es hätte sich auch von daher anbieten können, den ins Parlament gewählten Angehörigen des öffentlichen Dienstes ebenso wie den anderen Abgeordneten soweit wie möglich die Fortführung ihres bisherigen Berufs neben dem Mandat zu ermöglichen[26]. Das Gesetz hält dennoch aus einer Reihe von Gründen an einer umfassenden Inkompatibilität von Amt und Mandat fest:

So kann zunächst schon die hohe Zahl der Angehörigen des öffentlichen Dienstes unter den Abgeordneten[27] zu der besorgten Frage Anlaß geben, ob der Bundestag noch als Vertretung des ganzen Volkes angesehen werden könnte, falls sie weiter anwachsen sollte[28]. Eine umfassende Inkompatibilität unter Wegfall der bisher damit verbundenen Ruhestandsbezüge kann dieser Entwicklung entgegenwirken[29].

Der Abgeordnete ist ferner durch ein Bundestagsmandat so stark beansprucht, daß es ihm in aller Regel nicht möglich sein wird, sein bisheriges Amt, wenn auch nur begrenzt, neben dem Mandat weiter wahrzunehmen. Für in ein Landesparlament gewählte Angehörige des öffentlichen Dienstes kann dies im Einzelfall dann anders sein, wenn sie keine besondere parlamentarische Funktion übernehmen und die Dienststelle nicht zu weit vom Sitz des Parlaments entfernt liegt. Es stellt sich aber auch insoweit die Frage, ob der Dienstherr in jedem Fall zur Annahme einer ihm angebotenen Teilleistung verpflichtet ist. Diese Frage dürfte auch angesichts des Art. 48 Abs. 2 GG und seines Schutzbereichs[30] zumindest dann zu verneinen sein, wenn der Dienstherr die angebotene Teilleistung nicht in einer sinnvollen und ihm zumutbaren Weise einsetzen kann.

Es kommt hinzu, daß der in ein Parlament gewählte Beamte nur entsprechend seiner Leistung im Amt besoldet werden dürfte.

---

[25] Zur Frage, wieviele Abgeordnete noch Einkünfte aus ihrem Beruf neben dem Mandat erzielen: *Thaysen*, a. a. O. (s. Anm. 1), S. 6.

[26] Vgl. Materialien (s. Anm. 4), S. 11 unter 3.3.

[27] Siehe Adalbert *Hess*, Statistische Daten und Trends zur „Verbeamtung der Parlamente" in Bund und Ländern, ZParl 1976, 34.

[28] BVerfG, a. a. O. (s. Anm. 1), S. 321; ebenso bereits Eugen *Gerstenmaier*, Stenographischer Bericht der 112. und 113. Sitzung des 4. Deutschen Bundestages am 7. 2. 1964, S. 5158.

[29] Dazu unten S. 88/89.

[30] Dazu BVerfG, Beschluß v. 21. 9. 1976 – 2 BvR 350/75 –, DÖV 1977, H. 1/2, S. 51 mit Anm. Joachim *Henkel*.

Das „Diätenurteil“ hat in einem obiter dictum ausdrücklich darauf hingewiesen[31], daß es auch dem „formalisierten Gleichheitssatz“ widerspreche, wenn ein Beamter mit einem kompatiblen Amt während der Mandatszeit sein volles Gehalt weiterbeziehe, ohne Dienst zu tun. Eine leistungsgerechte Festsetzung der Dienstbezüge wird jedoch in diesen Fällen schon darum erheblich erschwert, weil Abgeordnete nicht regelmäßig eine bestimmte Stundenzahl und zudem während festgelegter Dienstzeiten im Amt sein können. Es müßte daher eine generalisierende Regelung getroffen werden, wonach sich der Abgeordnete verpflichten könnte, ein Drittel, die Hälfte oder in Stadtstaaten unter Umständen auch Zweidrittel seiner Dienstgeschäfte unter entsprechender Kürzung seiner Bezüge weiter wahrzunehmen. Mißbrauch mit einer derartigen Regelung ist allerdings nicht auszuschließen. Es könnte sich auf diesem Wege unversehens in anderer Gestalt wieder das vom „Diätenurteil“ beanstandete Ruhegehalt einschleichen. Denn ein Abgeordneter wird, von „Feierabendparlamenten“ in den Stadtstaaten abgesehen, allenfalls in kleineren Flächenländern in der Lage sein, unter günstigen Umständen die Hälfte seiner bisherigen dienstlichen Aufgaben neben dem Mandat wahrzunehmen. Um einen Maßstab für eine leistungsgerechte Festsetzung der verbleibenden Dienstbezüge zu finden, müßte also jedes Parlament zunächst die durchschnittliche Belastung seiner Mitglieder durch das Mandat feststellen. Erst auf dieser Grundlage könnte dann von Parlament zu Parlament unterschiedlich festgelegt werden, in welchem Umfang ein Abgeordneter weiter in seinem Dienstverhältnis tätig sein kann. Als ein erstes Raster böte es sich an, neben dem Mandat in großen Flächenländern ein Drittel[32], in kleinen Flächenländern bis zur Hälfte und in Stadtstaaten bis zu Zweidrittel der Dienstleistung im bisherigen Amt zuzulassen. Eine solche Regelung müßte schließlich noch vorsehen, daß nach Beendigung des Mandats das Dienstalter im Sinne des Besoldungsrechts und die ruhegehaltfähige Dienstzeit im Verhältnis zur erbrachten Dienstleistung hinausgeschoben oder gekürzt werden[33].

---

[31] BVerfG, a. a. O. (s. Anm. 1), S. 322/323.
[32] Vgl. § 9 Satz 2 AbgG.
[33] Dazu unten S. 55–58.

Schon an den bisher aufgezeigten Problemen wird deutlich, daß sich auch für die Landesparlamente eine umfassende Inkompatibilität kaum umgehen läßt. Das wird wiederum nicht ohne Auswirkung auf die Höhe der Entschädigung bleiben und selbst in den Landtagen die Entwicklung zum Berufsparlamentarierer weiter fördern[34]. Obgleich das Bundesverfassungsgericht in seiner Beschreibung des saarländischen Landtagsmandats[35] oder des Mandats in der bremischen Bürgerschaft[36] zu Unrecht von einem „full-time-job" ausgeht[37], entbehrt also seine jüngste Rechtsprechung zur Rechtsstellung der Abgeordneten doch nicht einer gewissen Konsequenz. Denn selbst dort, wo das Mandat nicht den ganzen Menschen fordert[38], läßt sich ein Nebeneinander von Beruf und Mandat jedenfalls für die Angehörigen des öffentlichen Dienstes nur schwer verwirklichen, so daß es sich kaum wird vermeiden lassen, selbst in diesem Bereich das Mandat als „full-time-job" mit „Vollalimentation" auszugestalten.

Dieser Entwicklung entgegenzuwirken, ist für die Parlamente auch darum kaum möglich, weil sich nur schwer Kriterien finden lassen, nach denen der Kreis der inkompatiblen Ämter, orientiert am Sinn und Zweck des Art. 137 Abs. 1 GG[39], systemgerecht und praktikabel eingegrenzt werden könnte. So erschiene es nicht sachgerecht, die Inkompatibilität allein nach institutionellen Gesichtspunkten festzulegen und z. B. beim Bundestag allein für Bedienstete des Bundes oder der unmittelbaren Staatsverwaltung vorzusehen. Denn außerhalb jedes so abgegrenzten Bereichs wird es Ämter geben, bei deren Ausübung neben dem Mandat ebenfalls eine Interessenkollision zu befürchten ist. Eine Regelung der Inkompatibilität muß daher neben institutionellen immer auch funktionelle Gesichtspunkte berücksichtigen[40]. Sie hätte also von den

---

[34] Vgl. *Thaysen*, a. a. O. (s. Anm. 1), S. 17.
[35] BVerfG, a. a. O. (s. Anm. 1), S. 312 ff.
[36] BVerfG, a. a. O. (s. Anm. 30), C I 2 e der Gründe.
[37] *Henkel*, a. a. O. (s. Anm. 1), S. 820 unter 5.; ders., a. a. O. (s. Anm. 30), S. 58 unter 2.2; *Menger*, a. a. O. (s. Anm. 1), S. 311.
[38] Zur Inanspruchnahme durch das Mandat: *Thaysen*, a. a. O. (s. Anm. 1), S. 4/5.
[39] Dazu die Hinweise in Anm. 22.
[40] Eine Typologie der Inkompatibilitäten bietet Norbert *Achterberg*, Probleme der Inkompatibilität, Zeitschrift für die gesamte Staatswissenschaft Bd. 126 (1970), 344 (348–351).

unterschiedlichen Aufgaben der einzelnen Verwaltungsträger auszugehen. Eine Inkompatibilität von Amt und Mandat könnte dann folgerichtig nur für Bedienstete solcher Verwaltungsträger vorgesehen werden, die im wesentlichen hoheitlich tätig sind oder doch zumindest öffentliche Aufgaben wahrnehmen. Auf diese Weise ließen sich bereits Bedienstete zahlreicher Verwaltungsträger aus der Inkompatibilität herausnehmen. Aber auch innerhalb von Verwaltungsträgern, die im Grunde „kollisionsträchtige“ Funktionen wahrnehmen, sind wiederum viele Bedienstete mit Aufgaben betraut, deren Ausübung neben dem Mandat keinen Bedenken begegnete. Es wäre also daran zu denken, die Inkompatibilität von dem konkreten Dienstverhältnis des Abgeordneten abhängig zu machen oder generalisierend nur für Bedienstete ab einer bestimmten Besoldungs- oder Vergütungsgruppe vorzusehen, um allein solche Amtsträger zu erfassen, die maßgeblich am Entscheidungsprozeß ihres Verwaltungsträgers beteiligt sein können. Eine unmittelbar einleuchtende Begrenzung der Inkompatibilität, die auch dem Gleichheitssatz gerecht wird[41], ist jedoch zumindest für den Bundestag nach allem nicht zu finden[42]. Das hängt auch damit zusammen, daß der öffentliche Dienst in einer nur noch schwer durchschaubaren Weise gegliedert ist und sich zudem die Verteilung seiner Aufgaben auf Beamte, Angestellte und Arbeiter häufig nicht nach deren dienstrechtlichem Status richtet. Es ist daher nicht zu beanstanden, wenn der Bundestag mit seiner umfassenden Inkompatibilität die Ermächtigung des Art. 137 Abs. 1 GG weithin ausschöpft.

Für die *Landesparlamente* wird das Problem der Inkompatibilität noch schwerer zu lösen sein. Denn für sie stellt sich zusätzlich die Frage, ob sie auch Bedienstete des Bundes und der anderen Länder den Inkompatibilitätsvorschriften unterwerfen dürfen. So verständlich der Wunsch der Landesparlamente ist, die Rechtsstellung aller Angehörigen des öffentlichen Dienstes unter ihren Mit-

---

[41] Dazu: *Tsatsos*, Die parlamentarische Betätigung (s. Anm. 22), S. 173 ff.; Carl Hermann *Ule*, Zum Problem der Unvereinbarkeit von Amt und Mandat im Gemeinderecht, VerwArch. Bd. 62 (1971), 271 (369 ff.); BVerfGE 12, 73 (77).

[42] Vgl. Materialien (s. Anm. 4), S. 11 (3.3); Hermann *Schmitt-Vockenhausen*, 256. Sitzung (s. Anm. 4), S. 18417 (A/B).

gliedern einheitlich auszugestalten[43], so erscheint es doch fraglich, ob ihnen Art. 137 Abs. 1 GG hierfür materiellrechtlich die erforderliche Ermächtigung gibt. Die Landesparlamente sollten daher die Regelung der Rechtsstellung dieses Personenkreises dem jeweiligen Dienstrecht überlassen, das wiederum dem Dienstherrn die Möglichkeit einräumen sollte, den Bediensteten unter Wegfall der Bezüge ganz zu beurlauben oder gegen eine entsprechend geringere Vergütung teilweise weiterzubeschäftigen[44].

Selbst wenn die Landesparlamente befugt sein sollten, die Inkompatibilität auf Bedienstete des Bundes und der anderen Länder zu erstrecken, so müßten sie doch die Regelung der dienstrechtlichen Folgen dieser Inkompatibilität dem jeweiligen Dienstrecht überlassen. Das Bundesverfassungsgericht hat zwar in seinem „Diätenurteil" die bisher als dienstrechtliche Regelung gedachten Rechtsstellungsgesetze des Bundes und der Länder materiell dem „Recht des Status der Abgeordneten" zugeordnet[45]. Es könnte daher der Schluß naheliegen, dem jeweiligen Parlament die Gesetzgebungszuständigkeit auch insoweit zuzusprechen, als die parlamentsrechtlichen Regelungen in das Dienstrecht des Bundes oder eines anderen Landes hinübergreifen. Ein solcher Schluß erscheint aber angesichts der föderativen Struktur der Bundesrepublik und der grundgesetzlichen Aufteilung der Gesetzgebungszuständigkeiten nicht unbedenklich und macht zugleich deutlich, daß das Bundesverfassungsgericht in seiner Beurteilung der Rechtsstellungsgesetze die dienstrechtliche Seite nicht ausreichend berücksichtigt hat.

Bei Landesparlamenten, die für ihre Mitglieder keine „Vollalimentation" einführen wollen, stellt sich die weitere Frage, ob für öffentliche Bedienstete mit inkompatiblen Ämtern wie bisher ein Ruhegehalt oder zumindest ein Unterhaltszuschuß vorgesehen werden darf. Das „Diätenurteil" gibt darauf keine eindeutige Antwort. Einerseits erklärt es, eine „Alimentation des Beamten für die Zeit, die er trotz Dienstfähigkeit seiner Dienstpflicht nicht nachkommt und die geschuldete Dienstleistung nicht erbringt, gibt

---

[43] Vgl. den in der 423. Sitzung des Ausschusses für Innere Angelegenheiten des Bundesrates am 6. 12. 1976 eingebrachten Entschließungsantrag des Landes Bayern, S. 23 der Niederschrift.

[44] Vgl. *Dietrich*, a. a. O. (s. Anm. 12), S. 102 (r. Sp.).

[45] BVerfG, a. a. O. (s. Anm. 1), S. 321.

es außerhalb der das Beamtenverhältnis mitgestaltenden Elemente des Erholungsurlaubs, der Fortbildung und der kurzfristigen Dienstbefreiung nicht"[46]. Die bisher mit der Annahme eines Mandats verbundenen Ruhestandsbezüge für Angehörige des öffentlichen Dienstes scheinen damit als solche grundsätzlich unzulässig, ohne daß es dabei noch auf die Ausgestaltung der Entschädigung in dem jeweiligen Parlament ankäme. Andererseits heißt es, die Ruhestandsbezüge hätten ihre „Berechtigung in dem Augenblick verloren, in dem der Abgeordnete angemessen alimentiert wird"[47]. Diese Aussage könnte dahin interpretiert werden, daß die bisherigen Ruhestandsbezüge „nur" dann ihre Berechtigung verlieren, wenn der Abgeordnete angemessen alimentiert wird. Ruhestandsbezüge könnten dann unter bestimmten Voraussetzungen auch weiterhin neben der Entschädigung gewährt werden. Sie könnte jedoch auch dahin verstanden werden, daß die bisherigen Ruhestandsbezüge „erst" dann ihre Berechtigung verlieren, wenn der Abgeordnete angemessen alimentiert wird. Damit würden die Ruhestandsbezüge noch für eine Übergangszeit geduldet. Dahinter stünde aber die Erwartung, daß alle Landesparlamente ihre Mitglieder künftig voll alimentieren und in absehbarer Zeit die bisherigen Ruhestandsbezüge für Angehörige des öffentlichen Dienstes mit einem inkompatiblen Amt insgesamt auslaufen. Der vom „Diätenurteil" betonte Zusammenhang des Verdikts gegen die Ruhestandsbezüge mit dem „formalisierten Gleichheitssatz" spricht für diese zuletzt genannte Interpretation. Folglich dürften künftig selbst dann keine Ruhestandsbezüge mehr geleistet werden, wenn der in ein Parlament gewählte Angehörige des öffentlichen Dienstes als Abgeordneter nicht angemessen alimentiert wird.

Das „Diätenurteil" scheint aber insoweit diejenigen Landesparlamente nicht in seine Betrachtungen mit einbezogen zu haben, die wie die Parlamente der drei Stadtstaaten Berlin, Bremen und Hamburg weiterhin aus dem Mandat keinen „full-time-job" mit „Vollalimentation" machen wollen. Für sie bleibt daher eine andere Beurteilung der Rechtsstellung der Angehörigen des öffenlichen Dienstes unter ihren Mitgliedern möglich. Es wird hieran je-

---

[46] BVerfG, a. a. O. (s. Anm. 1), S. 322.
[47] BVerfG, a. a. O. (s. Anm. 1), S. 322.

doch deutlich, daß die Beurteilung der bisherigen Ruhegehälter gerade für die Stadtstaaten ein weiterer Faktor ist, der die Abgrenzung des Kreises der inkompatiblen Ämter beeinflussen und im Vergleich zur Regelung des Bundestages erschweren wird.

2.2 *Allgemeines Berufsausübungsverbot?*

Als Folge der umfassenden Inkompatibilität für die Angehörigen des öffentlichen Dienstes hätte es sich anbieten können, auch den übrigen Abgeordneten die Ausübung ihres Berufes neben dem Mandat zu untersagen und somit ein allgemeines Berufsausübungs- oder Nebentätigkeitsverbot für Abgeordnete einzuführen[48]. Ein solches Vorgehen hätte auch darum nahegelegen, weil das Mandat zumindest im Bund den ganzen Menschen verlangt und das Abgeordnetengesetz die Mitglieder des Bundestages künftig voll „alimentiert". Andererseits ist der Abgeordnete jedoch nicht Beamter geworden[49]. Er schuldet nicht wie dieser Dienste, sondern nimmt in Unabhängigkeit sein Mandat wahr. Es steht daher wie bisher in seinem Ermessen, wie er sein Mandat ausfüllt. Folgerichtig sollte es ihm selbst überlassen bleiben, ob und inwieweit er glaubt, neben dem Mandat noch beruflich tätig sein zu können oder zu müssen. Das Parlament braucht zwar Mitglieder, die sich uneingeschränkt der parlamentarischen Tätigkeit widmen. Es wird aber auch durch Abgeordnete bereichert, die in ihrem Beruf tätig bleiben und so ständig und unmittelbar mit dem beruflichen Alltag konfrontiert werden[50]. Der Kontakt zum bisherigen Beruf ist ferner für diejenigen Abgeordneten besonders notwendig, die nach Be-

---

[48] Dazu: Materialien (s. Anm. 4), S. 9-10 (B. 1); Klaus *Kessler*, Ein Parlament der Technokraten?, Deutsche Zeitung v. 30. 1. 1976. Vgl. für Mitglieder der Bundesregierung Art. 66 GG, den Bundespräsidenten Art. 55 Abs. 2 GG, die Mitglieder des Bundesverfassungsgerichts § 3 Abs. 4 BVerfGG oder für Bundesbedienstete §§ 64–69 BBG sowie die Bundesnebentätigkeitsverordnung i. d. F. v. 28. 8. 1974 (BGBl. I S. 2117), zuletzt geändert durch VO v. 18. 12. 1975 (BGBl. I S. 3132); dazu *Noftz*, Fragen zum Nebentätigkeitsrecht, ZBR 1974, 209.

[49] BVerfG, a. a. O. (s. Anm. 1), S. 313. Siehe dazu auch unten S. 85–88.

[50] Hans A. *Engelhard*, 256. Sitzung (s. Anm. 4), S. 18418; Gerhard *Jahn* (Marburg), 259. Sitzung (s. Anm. 4), S. 18574; Annemarie *Renger*, 259. Sitzung (s. Anm. 4), S. 18589 (D); Hermann *Schmitt-Vockenhausen*, 256. Sitzung (s. Anm. 4), S. 18417 (C).

endigung des Mandats keinen oder nur einen zeitlich begrenzten Wiederbeschäftigungsanspruch besitzen. Das trifft namentlich auf die Angehörigen selbständiger Berufe zu. Für sie ist es unverzichtbar, weiter in ihrem Beruf tätig zu bleiben, um nicht ihre Existenzgrundlage zu verlieren. Würde ihnen diese Möglichkeit genommen, dann könnten sie das mit der Annahme des Mandats verbundene Risiko kaum noch auf sich nehmen. Ein allgemeines Berufsausübungsverbot hätte daher auch unerwünschte, nicht übersehbare Auswirkungen auf die Zusammensetzung des Parlaments. Es wäre zudem zu befürchten, daß dadurch mancher Abgeordnete gezwungen würde, sich allein um der Sicherung seiner Existenzgrundlage willen um die Wiederaufstellung als Bewerber seiner Partei zu bemühen[51]. Ein allgemeines Berufsausübungsverbot stieße schließlich auf verfassungsrechtliche Bedenken, da es als Beschränkung der Wählbarkeit angesehen werden könnte, die der einfache Gesetzgeber nur aufgrund des Art. 137 Abs. 1 GG und nur für den dort genannten Personenkreis der Angehörigen des öffentlichen Dienstes vorsehen kann[52]. Nicht allein infolge der jüngsten Rechtsprechung des Bundesverfassungsgerichts zur Rechtsstellung der Abgeordneten[53] wird diese verfassungsrechtliche Frage allerdings noch eingehend zu überdenken sein, wobei auch Art. 12 Abs. 1 GG in die Erörterung einzubeziehen wäre. Solange sich jedoch die Parlamente in ihrer Mehrheit gegen die Entwicklung zum „Berufsparlamentarier" aussprechen und ihre Mitglieder überzeugend die Verbindung von Beruf und Mandat praktizieren, sollten sie schon aus diesem Grunde von einem allgemeinen Berufsausübungsverbot Abstand nehmen.

2.3 Professoren an Hochschulen

Das Abgeordnetengesetz erklärt erstmals das Amt eines Professors an einer Hochschule im Sinne des § 43 des Hochschul-

---

[51] Vgl. auch Hans *Dichgans*, Fragen der Verfassungsreform, 1973, S. 107.

[52] Materialien (s. Anm. 4), S. 10; vgl. auch *Häberle*, a. a. O. (s. Anm. 1), S. 541; *Conradi*, a. a. O. (s. Anm. 1), S. 122; Hans Herbert *von Arnim*, Das Verbot von Interessentenzahlungen an Abgeordnete, hrsg. vom Karl-Bräuer-Institut des Bundes der Steuerzahler, Oktober 1976, S. 11.

[53] BVerfG, a. a. O. (s. Anm. 30), C I 1 und 2 e der Gründe.

rahmengesetzes vom 26. Januar 1976[54] für mit dem Bundestagsmandat nicht vereinbar. Diese Regelung tritt jedoch erst mit Beginn der 9. Wahlperiode des Deutschen Bundestages in Kraft (§ 46 Abs. 2 AbgG). Es kann ferner durch Gesetz vorgesehen werden, daß auch künftig einzelne Rechte und Pflichten eines in den Bundestag gewählten Professors erhalten bleiben und er entsprechend dem Umfang der neben dem Mandat an der Hochschule wahrgenommenen Aufgaben bis zu einem Drittel seiner bisherigen Dienstbezüge weitergezahlt bekommt (§ 9 AbgG). Diese zusätzlichen Bezüge sind allerdings auf die Entschädigung aus dem Mandat anzurechnen (§ 29 Abs. 1 AbgG)[55]. Die Unvereinbarkeit von Amt und Mandat ist also für Professoren nicht in letzter Konsequenz vollzogen.

Bei der parlamentarischen Beratung dieser Frage standen sich nicht weniger als vier Vorschläge gegenüber[56]. Der Innenausschuß empfahl mit Mehrheit eine uneingeschränkte Inkompatibilität. Eine Stellungnahme aus dem Bundesministerium des Innern hielt es demgegenüber für näher am Grundgesetz liegend, die Professoren wie bisher ganz von der Inkompatibilität auszunehmen[57]. Der Entwurf und der Rechtsausschuß suchten einen Mittelweg. Während der Rechtsausschuß bereits im Abgeordnetengesetz festzulegen empfahl, daß Professoren bestimmte Rechte aus ihrem Amt trotz grundsätzlicher Inkompatibilität erhalten bleiben sollten, wollte der Entwurf eine solche Regelung den Ländern überlassen (§ 12 EAbgG).

Alle vier Vorschläge sind verfassungsrechtlich vertretbar. In den bisherigen Rechtsstellungsgesetzen der Länder findet sich sowohl die Unvereinbarkeit[58] als auch die Vereinbarkeit[59] des Professorenamtes mit dem Mandat. Das „Diätenurteil“ beanstandet ihre Einbeziehung in die Inkompatibilität durch das saarländische Land-

---

[54] BGBl. I S. 185.
[55] Dazu unten S. 63 ff.
[56] Bericht und Antrag (s. Anm. 4), S. 11/12.
[57] *fy.*, Die Chancen für das neue Abgeordnetengesetz steigen, Frankfurter Allgemeine v. 23. 10. 1976; siehe auch BVerfGE 18, 172 (185).
[58] So in Bayern (dazu BayVerfGH, DÖV 1970, 486), Bremen, Hessen, Nordrhein-Westfalen, Rheinland-Pfalz, Saarland und Schleswig-Holstein.
[59] So in Baden-Württemberg, Berlin, Hamburg und Niedersachsen.

tagsgesetz nicht[60], läßt aber zugleich in seinen Ausführungen zur Anrechnung der Entschädigung auf andere Bezüge aus öffentlichen Kassen erkennen, daß es das Amt eines Hochschullehrers ebensogut für mit dem Mandat vereinbar hält[61]. Von der Funktion des Professors her könnte die Vereinbarkeit naheliegen[62]. Andererseits ist der Gesetzgeber an den Gleichheitssatz gebunden, wenn er bei der Regelung der Inkompatibilität nach Gruppen unter den Angehörigen des öffentlichen Dienstes differenzieren will[63]. Angesichts der Entwicklung im Schul- und Hochschulbereich ließe sich insoweit fragen, warum gerade die Professoren an Hochschulen im Unterschied zu Lehrern an Gesamthochschulen und den übrigen Schulen von der Inkompatibilität ausgenommen bleiben sollen[64]. Die ihnen garantierte Freiheit der Lehre und Forschung (Art. 5 Abs. 3 GG) rechtfertigt allerdings die gewählte, bereits im Entwurf enthaltene Zwischenlösung (§ 9 AbgG). Der Nachteil dieser Regelung besteht jedoch darin, daß die Rechtsstellung der in den Bundestag gewählten Professoren je nach ihrer Herkunft künftig unterschiedlich ausgestaltet sein kann. Manche Länder werden von der Ermächtigung des § 9 AbgG unter Umständen sogar keinerlei Gebrauch machen, was entgegen der von *Evers* vertretenen Ansicht[65] ebenfalls zulässig sein dürfte. Trotz dieses Nachteils ist sie aber dem Vorschlag des Rechtsausschusses vorzuziehen, der für die Länder besonders im Bereich der Naturwissenschaften kaum zu verwirklichen gewesen wäre, da das Recht zu weiterer Forschung und Lehre neben dem Mandat unter Umständen auch Ansprüche auf eine fortlaufende Ausstattung mit persönlichen und sachlichen Mitteln nach sich gezogen hätte.

Die Regelung des § 9 AbgG geht in ihrer Begründung[66] davon aus, daß in den Bundestag gewählte Professoren im Unterschied zu anderen Beamten mit der Annahme des Mandats nicht aus ihrem

---

[60] BVerfG, a. a. O. (s. Anm. 1), S. 320/321.

[61] BVerfG, a. a. O. (s. Anm. 1), S. 329.

[62] Siehe Hans-Ulrich *Evers*, Hochschullehreramt und Abgeordnetenmandat, Forum des Hochschullehrerverbandes, H. 8, September 1976.

[63] Siehe die Hinweise in Anm. 41.

[64] *Dietrich*, a. a. O. (s. Anm. 12), S. 101; vgl. auch *Tsatsos*, Die parlamentarische Betätigung (s. Anm. 22), S. 189.

[65] *Evers*, a. a. O. (s. Anm. 62), S. 20.

[66] Materialien (s. Anm. 4), S. 16; Bericht und Antrag (s. Anm. 4), S. 10.

Amt ausscheiden. Zumindest für Professoren im Bundesdienst ist dies nicht zweifelsfrei, da § 57 BBG vorschreibt, daß Beamte mit der Annahme der Wahl zum Bundestag aus ihrem Amt ausscheiden müssen. Allerdings bestand schon nach bisherigem Recht insoweit ein Widerspruch zwischen § 57 BBG einerseits und § 7 des Rechtsstellungsgesetzes andererseits. Ungeachtet des in § 57 BBG enthaltenen Grundsatzes sollte jedoch den Professoren – von den in § 50 Abs. 2 HRG geregelten besonderen Sachverhalten abgesehen – mit Rücksicht auf Art. 5 Abs. 3 GG ein Recht am Amt und damit ein Anspruch auf Wiederverwendung an ihrer bisherigen Hochschule zustehen. Die Hochschulen sind also darauf angewiesen, entweder einen neuen Lehrstuhl (mit k. w.-Vermerk) zu schaffen oder einen Vertreter zu berufen. Besonders im Hinblick auf die weitere Betreuung von Doktoranden und Habilitanden eines in den Bundestag gewählten Professors könnte es sich daher für die Länder empfehlen, von der Ermächtigung des § 9 AbgG Gebrauch zu machen. Auf diese Weise könnte der entstehende Engpaß besser überwunden werden. Das Gesetz gibt den Ländern mit der Übergangsregelung des § 46 Abs. 2 AbgG vier Jahre Zeit, sich auf diese neue Rechtslage einzustellen.

2.4 *Wahlbeamte auf Zeit*

Das bisherige Rechtsstellungsgesetz des Bundes fand auf Wahlbeamte auf Zeit keine Anwendung. Es ermächtigte jedoch die Länder, ihrerseits die Rechtsstellung der in den Bundestag gewählten Wahlbeamten auf Zeit zu regeln (§ 7 Satz 2 RStG). Diese Ermächtigung haben die Länder bis auf Baden-Württemberg, Bremen und Schleswig-Holstein in Anspruch genommen und für Wahlbeamte auf Zeit die Unvereinbarkeit ihres Amtes mit dem Bundestagsmandat festgelegt. Das Abgeordnetengesetz verändert diese Rechtslage also nur insoweit, als die Inkompatibilität von Bundestagsmandat und Wahlamt auf Zeit nunmehr kraft Bundesgesetzes vorgeschrieben wird und damit ohne Unterschied die Wahlbeamten auf Zeit in allen Ländern erfaßt (§§ 5 Abs. 1, 8 Abs. 2 AbgG)[66a]. Diese Ausdehnung der Inkompabilität ist sachgerecht, da bei den

---

[66a] Der in den 8. Bundestag gewählte bad.-württ. Landrat Norbert *Nothhelfer* hat gegen diese Regelung Organklage (2 BvE 1/77) und Verfassungsbe-

betroffenen „Hauptgemeindebeamten" wie hauptamtlichen Oberbürgermeistern und Landräten, Oberstadt- und Oberkreisdirektoren oder Beigeordneten eine Interessenkollision im Sinne des Art. 137 Abs. 1 GG weitaus eher zu befürchten ist, als bei vielen anderen Angehörigen des öffentlichen Dienstes, die schon bisher der Inkompatibilität unterlagen[67]. Es stellt sich jedoch die Frage, ob die neue Regelung nicht erst mit Beginn der 9. Wahlperiode hätte in Kraft gesetzt werden dürfen[68].

Der Grundsatz des *Vertrauensschutzes* ist durch das Fehlen einer solchen Übergangszeit allerdings nicht verletzt. Die betroffenen Wahlbeamten auf Zeit konnten schon seit März 1976 wissen, daß der Bundestag plane, ihr Wahlamt in den Kreis der mit dem Mandat inkompatiblen Ämter einzubeziehen[69]. Die Neuregelung war also zu einem Zeitpunkt vorhersehbar, wo die Aufstellung und Nomination der Wahlbewerber durch die Parteien noch nicht abgeschlossen war[69a]. Die Fraktionen des Bundestages brachten dann am 29. Juni 1976, und damit etwa drei Monate vor der Wahl zum 8. Bundestag, den Entwurf eines Abgeordnetengesetzes ein, der im

---

schwerde (2 BvR 234/77) eingelegt. Seinen damit verbundenen Antrag auf Erlaß einer einstweiligen Anordnung hat das *BVerfG* kurz vor Inkrafttreten des AbgG durch Beschluß v. 29. 3. 1977 zurückgewiesen. Siehe dazu: Volkmar *Hoffmann*, Bundestagsabgeordneter will Landrat bleiben, Frankfurter Rundschau v. 17. 3. 1977; Hermann *Schmitt-Vockenhausen*, Das Mandat verlangt den ganzen Menschen, Sozialdemokratischer Pressedienst v. 16. 3. 1977; *hr.*, Klage gegen Bundestag und Bundesrat, Stuttgarter Zeitung v. 7. 3. 1977; Hartmut *Palmer*, Sitzt auf zwei Stühlen und wohnt in der Klemme, Süddeutsche Zeitung v. 17. 2. 1977.

[67] Siehe zu dieser umstrittenen Frage: *Tsatsos*, Die parlamentarische Betätigung (s. Anm. 22), S. 198 ff.

[68] Siehe die entsprechende Empfehlung des Innenausschusses (Bericht und Antrag, s. Anm. 4, S. 16), den Änderungsantrag der Abgeordneten Dr. *Miltner*, Dr. *Häfele*, Dr. *Jenninger* und Genossen (BT-Drs. 7/5922) und den Antrag des Landes Baden-Württemberg (BR-Drs. 701/1/76; Bericht über die 442. Sitzung des Bundesrates, S. 441/442).

[69] Siehe nur: *scho.*, Entwurf für neue Diäten-Regelung. Vorlage des Bundestags-Sonderausschusses, Frankfurter Allgemeine v. 18. 3. 1976; Uly *Foerster*, Abzüge für die Minister, Nürnberger Nachrichten v. 17. 3. 1976; *dpa*, Neues Diätengesetz in Arbeit, Stuttgarter Nachrichten v. 18. 3. 1976.

[69a] *Nothhelfer* (s. Anm. 66a) wurde am 24. 1. 1976 in der Vertreterversammlung seines Wahlkreises aufgestellt und am 17. 8. 1976 von seiner Partei als Wahlkreisbewerber beim Kreiswahlleiter benannt.

Einklang mit den vorher bekanntgewordenen Plänen die Inkompatibilität auch auf Wahlbeamte auf Zeit ausdehnte. Dieser Entwurf wurde zwar vor der Wahl nicht mehr beschlossen, aber es bestand die schon vor diesem Zeitpunkt geäußerte Absicht, ihn nach dem Wahltag noch in der 7. Wahlperiode des Bundestages zu verabschieden[70]. Wahlbeamte auf Zeit, deren Amt nach bisherigem Landesrecht noch nicht mit dem Bundestagsmandat inkompatibel war, nahmen folglich die Wahl zum 8. Bundestag mit dem Risiko an, daß die im Entwurf enthaltene Regelung demnächst Gesetz werde und sie sich mit dessen Inkrafttreten zwischen ihrem Wahlamt und dem Bundestagsmandat würden entscheiden müssen. Diese Regelung des Abgeordnetengesetzes ist kein Fall einer echten Rückwirkung, da sie nicht nachträglich ändernd in schon abgewickelte, der Vergangenheit angehörende Tatbestände eingreift und die an diese Tatbestände geknüpften Rechtsfolgen ändert. Sie besitzt im Sinne der Rechtsprechung des Bundesverfassungsgerichts[71] allenfalls eine unechte Rückwirkung. Eine solche unechte Rückwirkung ist dann gegeben, wenn das Gesetz „zwar nicht auf vergangene, aber auch nicht nur auf zukünftige, sondern auf gegenwärtige, noch nicht abgeschlossene Sachverhalte und Rechtsbeziehungen für die Zukunft einwirkt und damit zugleich die betroffene Rechtsposition nachträglich im ganzen entwertet“[72]. Die unechte Rückwirkung gilt grundsätzlich als zulässig. Die Betroffenen müssen den Eingriff nicht einmal unbedingt vorhergesehen haben[73]. Sie ist ausnahmsweise nur dann als unzulässig anzusehen, falls das Vertrauen des Bürgers auf den Fortbestand der bisherigen gesetzlichen Regelung schwerer wiegt als das vom Gesetz für das Wohl der Allgemeinheit verfolgte Anliegen[74]. Es kann hier schon zweifelhaft sein, ob die Regelung des Abgeordnetengesetzes die Rechtsstellung der betroffenen Wahlbeamten auf Zeit „nachträglich im ganzen entwertet“

---

[70] *Rdh.*, „Diäten-Gesetz rasch verabschieden“. Die Bundestagspräsidentin appelliert an die Fraktionen, Frankfurter Allgemeine v. 28. 7. 1976.

[71] Dazu Karl Heinrich *Friauf*, Gesetzesankündigung und rückwirkende Gesetzgebung im Steuer- und Wirtschaftsrecht, Der Betriebs-Berater 1972, 669 (673 ff.).

[72] BVerfGE 30, 392 (402).

[73] BVerfGE 30, 350 (268–270).

[74] BVerfGE 25, 142 (154).

und sie daher als unechte Rückwirkung einzuordnen ist. Sie verfolgt jedoch das für eine Demokratie gewichtige Ziel, die Funktion des Parlaments stärker gegen Interessenkollisionen abzusichern. Sie trägt zudem der gewachsenen Inanspruchnahme durch das Bundestagsmandat Rechnung. Da sie schließlich für die Betroffenen vorhersehbar war, kann deren Vertrauen in den Fortbestand des bisherigen Rechts nicht in unzulässiger Weise beeinträchtigt sein[75].

Bedenken gegen die Regelung für Wahlbeamte auf Zeit ließen sich nur vom *Gleichheitssatz* her geltend machen[76], da für die auch erstmals in die Inkompatibilität einbezogenen Professoren eine besondere Übergangszeit vorgesehen ist (§ 46 Abs. 2 AbgG). Diese unterschiedliche Behandlung kann sich jedoch auf eine Reihe von Gründen stützen. So unterliegen Wahlbeamte auf Zeit schon nach bisherigem Recht weithin Inkompatibilitätsregelungen. Deren Ausdehnung auf alle Wahlbeamten auf Zeit lag angesichts ihrer Funktion auch weitaus näher als bei den Professoren an Hochschulen. Professoren können zudem leichter neben dem Mandat zumindest noch einen Teil ihrer Aufgaben aus dem Amt weiter erfüllen. Die Übergangsregelung für Professoren lag auch nahe, weil bei ihnen stärker personenbezogene Abhängigkeitsverhältnisse (Doktoranden/Habilitanden) zu berücksichtigen waren. Bei den Wahlbeamten auf Zeit kann es demgegenüber sogar im Interesse der einen wie der anderen Wählerschaft liegen, wenn die Entscheidung zwischen kommunalem Wahlamt und Bundestagsmandat nicht weiter hinausgeschoben wird[77], sondern das Abgeordnetengesetz dafür sorgt, daß beide Wahlämter von Personen wahrgenommen werden, die sich ihrem Amt voll widmen können[78]. Trotz der politischen Hintergründe[79] ist daher die unterschiedliche Behandlung von Wahlbeamten auf Zeit und Professoren zumindest nicht willkürlich im

---

[75] Vgl. in diesem Sinne auch BVerfG, a. a. O. (s. Anm. 30), C III der Gründe.

[76] Friedrich Karl *Fromme*, Letzter Segen des Gesetzgebers für die neuen Diäten, Frankfurter Allgemeine v. 17. 12. 1976.

[77] Bericht und Antrag (s. Anm. 4), S. 16.

[78] Vgl. in diesem Sinne: Hans A. *Engelhard*, 259. Sitzung (s. Anm. 4), S. 18586 (D); Andreas *Lehmann*, Abgeordnete zerbrechen sich die Köpfe, Badische Zeitung v. 22. 12. 1976, S. 3.

[79] Siehe Karl *Miltner* (CDU/CSU) einerseits, Gerhard *Jahn* (SPD) andererseits (259. Sitzung, s. Anm. 4, S. 18586 (C) und 18574 sowie 18587 (A)).

Sinne der Rechtsprechung des Bundesverfassungsgerichts zum allgemeinen Gleichheitssatz[80].

2.5 *Arbeiter des öffentlichen Dienstes*

Die Arbeiter des öffentlichen Dienstes hat das Abgeordnetengesetz entgegen der Empfehlung des Innenausschusses aus politischen und verfassungsrechtlichen Gründen nicht in die Inkompatibilität von Amt und Mandat einbezogen[81]. Inkompatibilitäten galten bisher als „Beschränkungen der Wählbarkeit im weiteren Sinne“[82], die nur aufgrund und nur im Rahmen des Art. 137 Abs. 1 GG zulässig sind. Die Arbeiter des öffentlichen Dienstes gehören nicht zu dem dort genannten Personenkreis. Eine analoge Anwendung des Art. 137 Abs. 1 GG auf Arbeiter des öffentlichen Dienstes verbietet jedoch dessen Ausnahmecharakter und läßt sich von seinem Sinn und Zweck her nicht rechtfertigen. Denn bei Arbeitern des öffentlichen Dienstes ist allgemein keine Gefährdung der Gewaltentrennung zu befürchten, wenn sie neben dem Mandat weiter in ihrem Dienstverhältnis tätig bleiben[83].

Die herkömmliche Beurteilung der Inkompatibilität ist allerdings aufgrund eines Beschlusses des Bundesverfassungsgerichts vom 21. September 1976 zur Unvereinbarkeit von Pfarramt und Mandat ins Wanken geraten[84]. Der Senat scheint hier seine frühere Rechtsprechung aufgeben und sich der Ansicht *Seufferts*[85] annähern zu wollen, wonach Inkompatibilitäten keine Wählbarkeitsbeschränkungen bedeuten und auch außerhalb der Ermächtigung des Art. 137 Abs. 1 GG zulässig sein sollen, sofern dafür ein besonderer rechtfertigender Grund gegeben ist.

Wird die Inkompatibilität so aus dem Bereich des Art. 137 Abs. 1 GG herausgenommen, wofür einiges sprechen kann, dann

---

[80] Vgl. Konrad *Hesse*, Verfassungsrecht, 8. Aufl. 1975, S. 179.

[81] Bericht und Antrag (s. Anm. 4), S. 11; vgl. auch *Dietrich*, a. a. O. (s. Anm. 12), S. 101; siehe aber z. B. § 6 Abs. 1 des Gesetzes über die Rechtsstellung der in den Hessischen Landtag gewählten Angehörigen des öffentlichen Dienstes v. 9. Juli 1973 (GVBl. II S. 320).

[82] BVerfG, a. a. O. (s. Anm. 16).

[83] *Maunz*, a. a. O. (s. Anm. 1), Art. 137 Rn. 5.

[84] BVerfG, a. a. O. (s. Anm. 30).

[85] BVerfGE 38, 341/342.

bleibt sie aber immer noch am Maßstab des Art. 48 Abs. 2 GG zu messen. Auch in der Auslegung dieser Vorschrift zeichnet sich jedoch ein Wandel ab. Bisher galt Art. 48 Abs. 2 GG immer dann als verletzt, wenn ein Abgeordneter gezwungen war, mit der Annahme des Mandats die Ausübung seines Berufs aufzugeben, obgleich er in einer auch für den Arbeitgeber zumutbaren Weise seinen Berufs zumindest teilweise neben dem Mandat fortführen konnte[86]. Aufgrund der genannten jüngsten Entscheidung des Bundesverfassungsgerichts sollen Inkompatibilitäten jedoch heute, wo das Mandat zur Hauptbeschäftigung geworden sei, nur etwas festschreiben, „was faktisch ohnehin ‚ist'"[87]. Der bisherige Beruf könne neben dem „Abgeordnetenberuf"[88] sowieso nicht mehr ausgeübt werden. Der Nachvollzug dieser tatsächlichen Gegebenheit durch das Recht bedeute daher keine Behinderung der Übernahme und Ausübung des Mandats im Sinne des Art. 48 Abs. 2 GG. In der Tat ist neben dem Bundestagsmandat die Fortführung des Berufs nur noch unter günstigen Umständen und auch dann nur begrenzt möglich. Eine Inkompatibilität für Arbeiter des öffentlichen Dienstes nähme ihnen daher in aller Regel allein die Möglichkeit, zumindest in den Parlamentsferien auf ihren Arbeitsplatz zurückzukehren, und selbst das dürfte von den Betroffenen selten, wenn überhaupt[89], ernsthaft erwogen werden.

Es fragt sich also, warum die Inkompatibilität nicht auch für Arbeiter des öffentlichen Dienstes gelten soll, da sie tatsächlich kaum etwas veränderte, dafür aber rechtlich eine Gleichbehandlung aller Angehörigen des öffentlichen Dienstes brächte, was allein schon deswegen naheläge, weil nicht selten selbst bei ein und demselben Dienstherrn die gleichen Aufgaben ohne Unterschied von Angestellten und Arbeitern wahrgenommen werden. Hier macht zunächst jedoch der Umstand nachdenklich, daß die Gleichbehand-

---

[86] *Maunz*, a. a. O. (s. Anm. 1), Art. 48 Rn. 8.
[87] BVerfG, a. a. O. (s. Anm. 30), C I 2 e der Gründe.
[88] BVerfG, a. a. O. (s. Anm. 30), C I 1 e der Gründe; siehe auch BVerfG, a. a. O. (s. Anm. 1), S. 311 und 314.
[89] Der Bundestagsabgeordnete Norbert *Gansel* dürfte eine Ausnahme bleiben (vgl. „Arbeit als Heilmittel gegen die Entfremdung des Politikers", Welt der Arbeit v. 3. 9. 1976; „Von der Politikerbank an den Schmelzofen", Welt der Arbeit v. 29. 8. 1975).

lung aller Angehörigen des öffentlichen Dienstes erst in einem Augenblick angestrebt wird, wo die Inkompatibilität nicht mehr mit finanziellen Vorteilen verbunden ist. Die Inkompatibilität von Amt und Mandat wird also nach neuem Recht besonders stark als Behinderung empfunden. Es ist daher nicht auszuschließen, daß sie gerade aus diesem Grunde allen Angehörigen des öffentlichen Dienstes in gleicher Weise auferlegt werden *sollte*[90]. Die geforderte Gleichbehandlung ist jedenfalls um des Mandats willen nicht erforderlich. Damit stellt sich aber die entscheidende Frage, ob nicht die in ihren Auswirkungen unbedeutende Einführung der Inkompatibilität für Arbeiter des öffentlichen Dienstes einen weiteren Schritt auf dem Wege zu Parlamenten mit lauter „Berufsparlamentariern" und einem allgemeinen Berufsausübungsverbot für Abgeordnete darstellte. Diese sich immer deutlicher abzeichnende Entwicklung ist in ihrer Tragweite für den Parlamentarismus in Bund und Ländern noch so wenig erfaßt, daß die Parlamente sie von sich aus nicht unterstützen sollten. Es ist daher zu begrüßen, daß das Abgeordnetengesetz von einer Inkompatibilität für Arbeiter des öffentlichen Dienstes Abstand genommen hat.

3. Rechte und Pflichten aus dem Dienstverhältnis während des Mandats

3.1 Der „formalisierte Gleichheitssatz"

In den Bundestag gewählte Beamte und Richter traten nach altem Recht mit der Annahme des Mandats in den Ruhestand (§ 1 RStG) mit einem Ruhegehalt (§ 2 RStG). Das Ruhegehalt betrug mindestens fünfunddreißig vom Hundert der ruhegehaltfähigen Dienstbezüge und konnte von Wahlperiode zu Wahlperiode auf bis zu fünfundsiebzig vom Hundert der ruhegehaltfähigen Dienstbezüge ansteigen, da die Mandatszeit nach Beendigung jeder Wahlperiode auf die Dienstzeit im Sinne des Besoldungs- und Versorgungsrechts angerechnet wurde (§ 4 RStG). Entsprechendes galt für Berufssoldaten und Soldaten auf Zeit (§ 25 Soldatengesetz). Die Soldaten auf Zeit erhielten jedoch anstelle eines Ruhegehalts für die Dauer des Mandats (längstens bis zum Ablauf ihrer

[90] BVerfG, a. a. O. (s. Anm. 30), C I 1 e der Gründe.

Verpflichtungszeit) die Hälfte ihrer Dienstbezüge. Auf in den Bundestag gewählte Angestellte des öffentlichen Dienstes waren die für Beamte und Richter vorgesehenen Regelungen sinngemäß anzuwenden (§ 5 RStG). Das bedeutete, daß ihr Arbeitsverhältnis für die Dauer des Mandats ruhte[91]. Sofern sie keinen vertraglichen Anspruch auf Versorgung nach beamtenrechtlichen Grundsätzen besaßen, erhielten sie anstelle eines Ruhegehalts für die Dauer der Mitgliedschaft im Bundestag die Hälfte ihrer Vergütung (§ 5 Abs. 1 Satz 2 RStG)[92]. Alle diese (Ruhestands-)Bezüge traten ungekürzt neben die Aufwandsentschädigung aus dem Mandat, was zunehmend als ungerecht empfunden wurde und als eine der Ursachen für die ständig wachsende Zahl der Angehörigen des öffentlichen Dienstes unter den Abgeordneten galt[93].

Angesichts dieser „Verbeamtung der Parlamente" entwickelte das Bundesverfassungsgericht eine kühne Gedankenkette[94]. Es ordnete die als dienstrechtliche Regelungen gedachten Rechtsstellungsgesetze „materiell zum Recht des Status des Abgeordneten". Die Ruhestandsbezüge wurden damit zu einem Teil der „Alimentation" des Abgeordneten. Es transponierte zugleich den formalisierten Gleichheitssatz des Art. 38 Abs. 1 Satz 1 GG[95] aus dem Wahlrecht ins Parlamentsrecht und folgerte daraus, daß jedem Abgeordneten ohne Unterschied eine gleich hoch bemessene Entschädigung zustehe[96]. Die Ruhestandsbezüge wurden damit zu einem Privileg, das seine Berechtigung innerhalb des Abgeordnetenrechts allerdings erst in dem Augenblick verlieren sollte, „in dem der Abgeordnete angemessen alimentiert wird".

---

[91] BAG, Urteil v. 11. 7. 1968 – 5 AZR 395/67 –.

[92] Siehe dazu *Dietrich*, a. a. O. (s. Anm. 12), S. 97/98.

[93] Hermann *Schmitt-Vockenhausen*, Kurzserie unter der Überschrift „Volksvertreter kein Versorgungsjob", Allgemeine Zeitung (Mainz) vom 15., 16. und 17. 7. 1975.

[94] BVerfG, a. a. O. (s. Anm. 1), S. 321 ff.

[95] Vgl. *Maunz*, a. a. O. (s. Anm. 1), Art. 38 Rn. 49 m. w. N.

[96] Zur Zulässigkeit der bisher in den Ländern gewährten Zulagen für Inhaber besonderer parlamentarischer Funktionen: Joachim *Linck*, ZParl 1976, 54; Joachim *Henkel*, EuR 1976, 350 (351). Gegen die Egalisierung der Entschädigung ohne Rücksichtnahme auf Lebensalter, Berufserfahrung, Familienstand und Kinderzahl wendet sich Alois *Mertes* (Gerolstein), 259. Sitzung (s. Anm. 4), S. 18597 unter 4. und 5.

Dieser Gedankengang begegnet einer Reihe von Einwänden: Zunächst hat das Bundesverfassungsgericht bei seiner Argumentation den im Beamtenrecht üblichen einstweiligen Ruhestand für politische Beamte (vgl. § 31 BRRG, §§ 35 bis 40 BBG) übersehen. Es hätte sonst nicht ohne Einschränkung erklären können[97], daß es eine „Alimentation des Beamten für die Zeit, in der er trotz Dienstfähigkeit seiner Dienstpflicht nicht nachkommt und die geschuldete Dienstleistung nicht erbringt, ... außerhalb der das Beamtenverhältnis mitgestaltenden Elemente des Erholungsurlaubs, der Fortbildung und der kurzfristigen Dienstbefreiung nicht" gibt. Es wird ferner die den Angehörigen des öffentlichen Dienstes auferlegte Inkompatibilität zwar als „Beschränkung der Wählbarkeit im weiteren Sinne" eingestuft[98]; zugleich wird aber die Frage, ob dafür nicht ein gewisser finanzieller Ausgleich erfolgen dürfe (nicht müsse, obgleich auch das vertreten wird[99]), ohne Begründung abgetan[100]. Dieser Ausgleich müßte ja nicht in Form von Ruhestandsbezügen erfolgen, die sogar während der Mandatszeit wachsen[101] und nicht anrechenbar sind[102]. So hätte es der Chancengleichheit möglicherweise eher entsprochen, den Beamten das bis zur Annahme des Mandats erdiente Ruhegehalt im Grundsatz zu belassen, es aber teilweise auf die Entschädigung anzurechnen[103]. Der in manchen Landesparlamenten eingerissene Mißbrauch mit zu vielgestaltig gestaffelten Diäten und Verdienstausfallentschädigungen[103a] scheint das Gericht jedoch zu seiner strikten Haltung bewogen zu haben. Es sah dabei nicht voraus, wie sich dieser Standpunkt, besonders in den Landtagen, auf die Höhe der nun für alle gleich zu bemessenden Entschädigung auswirken würde. Denn es ging trotz seiner auf eine hohe Entschädigung angelegten Maßstäbe[104] davon aus, daß schon die bisherige Entschädigung der Mitglieder des

---

[97] BVerfG, a. a. O. (s. Anm. 1), S. 322.
[98] BVerfG, a. a. O. (s. Anm. 1), S. 320; BVerfG, a. a. O. (s. Anm. 16).
[99] Ule, a. a. O. (s. Anm. 41), S. 391–396.
[100] BVerfG, a. a. O. (s. Anm. 1), S. 325/326.
[101] Dazu unten S. 55.
[102] Dazu unten S. 58 ff.
[103] Gerhard *Kunz* (Berlin), 256. Sitzung (s. Anm. 4), S. 18415 (D); *Henkel*, a. a. O. (s. Anm. 1), S. 820 unter 8.; *Menger*, a. a. O. (s. Anm. 1), S. 313/314.
[103a] Dazu *Henkel*, a. a. O. (s. Anm. 5), unter 2.3.
[104] BVerfG, a. a. O. (s. Anm. 1), S. 315/316; Materialien (s. Anm. 4), S. 4–7.

saarländischen Landtags als „Vollalimentierung aus der Staatskasse" anzusehen und insgesamt reichlich bemessen sei[105].

Trotz dieser Kritik an den verfassungsrechtlichen Grundlagen des „Diätenurteils" und den nicht ausreichend bedachten Auswirkungen können seine Aussagen doch zu mehr Chancengleichheit für Wahlbewerber aus allen Schichten des Volkes beitragen. Das Abgeordnetengesetz hat daher dieses Bemühen um mehr Chancengleichheit durch Abbau der bisherigen Privilegien der Angehörigen des öffentlichen Dienstes konsequent auch dort weitergeführt, wo dies vom „Diätenurteil" nicht ausdrücklich geboten war, aber doch seiner Tendenz entspricht.

3.2 Ruhen der Rechte und Pflichten

3.2.1 Das Abgeordnetengesetz ordnet für Beamte mit der Annahme der Wahl für die Dauer der Mitgliedschaft im Bundestag das Ruhen der Rechte und Pflichten aus dem Dienstverhältnis an (§ 5 Abs. 1 S. 1 AbgG)[106]. Dies gilt entsprechend für Richter und Soldaten[107] sowie sinngemäß für Angestellte des öffentlichen Dienstes (§ 8 AbgG). Der Gesetzgeber entschied sich für diesen Weg, da er eine klare Trennung von Amt und Mandat ermöglicht, während die vom „Diätenurteil" auch zugelassene Beurlaubung ohne Bezüge[108] dem Status des Abgeordneten nicht hinreichend entsprochen hätte[109]. Denn bei einer Beurlaubung bliebe unter anderem die Pflicht des Beamten zur Mäßigung und Zurückhaltung bei politischer Betätigung erhalten, unterläge er weiterhin der Disziplinargewalt des Dienstherren und könnte auch während der Zeit der Beurlaubung befördert werden – Pflichten und Aussichten also, die die Freiheit der Mandatsausübung beeinträchtigen könnten.

---

105 BVerfG, a. a. O. (s. Anm. 1), S. 315.

106 Vorbilder dieser Rechtsfigur finden sich in § 18 Abs. 1 BMinG und § 101 Abs. 1 BVerfGG.

107 § 25 Satz 2 Soldatengesetz (Art. VI Nr. 2) und § 121 DRiG sollen nur noch solange gelten, bis auch die Landesparlamente die Rechtsstellung ihrer Mitglieder entsprechend dem „Diätenurteil" umgestaltet haben (vgl. Bericht und Antrag, s. Anm. 4, S. 18).

108 BVerfG, a. a. O. (s. Anm. 1), S. 322.

109 Materialien (s. Anm. 4), S. 15.

3.2.2 Das Ruhen der Rechte und Pflichten löst den Abgeordneten dagegen stärker aus seinem Dienstverhältnis. So ruhen besonders die Pflicht zur Unparteilichkeit und die politische Treuepflicht, die Pflicht zur Mäßigung und Zurückhaltung bei politischer Betätigung. Er bedarf ferner nicht wie im Falle der Beurlaubung einer Nebentätigkeitserlaubnis, falls er außerhalb des öffentlichen Dienstes neben dem Mandat beruflich tätig sein möchte[110]. Er kann sich daher z. B. auch wie bisher als Rechtsanwalt niederlassen, sofern er die dafür erforderlichen Voraussetzungen erfüllt (§ 7 Nr. 10 BRAO/Art. VII). Der Beamte kann während der Mandatszeit auch nicht befördert werden. Das Gesetz hat diese Folge durch ein ausdrückliches Beförderungsverbot sogar auf den Fall ausgedehnt, daß ein Beamter sein Mandat niederlegt und in sein früheres Dienstverhältnis zurückkehrt, aber bereits wieder neu für die kommende Wahl zum Bundestag oder einem Landesparlament kandidiert[111]. Der Beamte unterliegt schließlich nur noch beschränkt der Disziplinargewalt seines Dienstherren. Er kann somit beim Ruhen der Rechte und Pflichten insgesamt sein Mandat freier ausüben als bei einer Beurlaubung. Erhalten bleiben allein die Pflicht zur Amtsverschwiegenheit und das Verbot der Annahme von Belohnungen und Geschenken. Beides bezieht sich jedoch nur auf das, was er in seinem Amt erfahren hat oder was er für dessen Ausübung vor, während oder nach seiner Mitgliedschaft im Bundestag entgegennimmt.

3.2.3 Mit dem Eintritt des Ruhens der Rechte und Pflichten scheidet der Beamte aus seinem Amt aus, auch wenn diese Rechtsfolge in § 5 Abs. 1 AbgG nicht ausdrücklich statuiert ist[112]. Das Beamtenverhältnis wird aber nicht wie beim Eintritt in den Ruhestand beendet, sondern bleibt im Kern erhalten. Gleichwohl kann das Amt neu besetzt werden, was für die Länder beim Eintritt kommunaler Wahlbeamter in den Bundestag besonders wichtig ist. Der ausdrückliche Hinweis auf diese Rechtsfolge im Gesetz ist aus mehreren Gründen unterblieben. Es sollte eine andere Beurteilung

[110] *Dietrich*, a. a. O. (s. Anm. 12), S. 102.
[111] § 7 a BRRG/Art. III Nr. 1, § 8 a BBG/Art. IV Nr. 1. Für Richter § 17 a DRiG/Art. V Nr. 1; für Soldaten § 4 Abs. 4 Soldatengesetz/Art. VI Nr. 1.
[112] Materialien (s. Anm. 4), S. 10. Siehe auch § 57 BBG.

der Rechtsstellung der Professoren offengehalten[113] und vor allem kein mögliches Präjudiz für die Regelung der Rechtsstellung der Beamten nach Beendigung des Mandats geschaffen werden.

3.2.4 An Rechten ruhen namentlich der Anspruch auf Dienstbezüge und Beihilfen in Krankheits-, Geburts- und Todesfällen. Die Beihilfevorschriften des Bundes und der Länder sind ein Ausdruck der Fürsorgepflicht des Dienstherren (vgl. § 79 BBG). Von dem Ruhen der Rechte und Pflichten aus dem Dienstverhältnis wird auch diese Fürsorgepflicht erfaßt und damit der daraus abgeleitete Anspruch des Bediensteten auf Fürsorge in Gestalt von Beihilfen. Die Folge des Ruhens der Beihilfeansprüche hat entscheidend zur Einführung von *Beihilfen* für alle Abgeordneten beigetragen (§ 27 Abs. 1 AbgG), obgleich dies zunächst als mit dem Status des Abgeordneten unvereinbar galt[114] und mit der Sorge des Entstehens einer „Beihilfebürokratie" innerhalb des Bundestages belastet war[115], die trotz aller Amtsverschwiegenheit doch durchlässig sein könnte. Angesichts dieses Unbehagens hat der Entwurf zumindest noch nicht auf die Beihilfevorschriften für Bundesbeamte verwiesen, sondern eine eigenständige, wenn auch recht einfache und schematische Lösung vorgesehen (§ 24 Abs. 1 EAbgG). Die Bezugnahme auf das Beihilferecht des Bundes war jedoch letztlich nicht zu umgehen, da der Entwurf nicht familiengerecht erschien[116] und vor allem besonders bei Heilkuren und bei Sanatoriumsaufenthalten zu Mißbrauch hätte führen können. Anstelle der Beihilfe nach beamtenrechtlichen Grundsätzen, wie sie nun in § 27 Abs. 1 AbgG Eingang gefunden hat, war und ist für eine erhebliche Zahl von Abgeordneten eine andere befriedigende Lösung nicht sichtbar. Das gilt auch für die Möglichkeit eines Zuschusses zu den Krankenversicherungsbeiträgen, wie sie wahlweise in § 27 Abs. 2 AbgG angeboten wird (und deren Entstehungsgeschichte, soweit es um die Möglichkeit des Zuschusses zu den Versicherungsbeiträgen Privatversicherter geht, zugleich ein Stück Geschichte des Einflusses von

---

[113] Dazu bereits oben S. 20/21.

[114] Vgl. Hans A. *Engelhard*, 256. Sitzung (s. Anm. 4), S. 18418 (B); Kurt *Spitzmüller*, 259. Sitzung (s. Anm. 4), S. 18572 (C).

[115] Vgl. Hans A. *Engelhard*, 259. Sitzung (s. Anm. 4), S. 18580 (B).

[116] Bericht und Antrag (s. Anm. 4), S. 15.

Verbänden auf die Gesetzgebung veranschaulichen könnte). Denn die Beamten unter den Abgeordneten hätten auch durch wesentliche Erhöhung eines bestehenden privaten Versicherungsschutzes häufig nicht alle Risiken abdecken können, die von der wegfallenden Beihilfe getragen werden. Schon von daher konnte auch der Vorschlag des Beirats für Entschädigungsfragen, die Vorsorge zur Abdeckung des Krankheitsrisikos in Zukunft „in vollem Umfang aus dem Mandatsgehalt zu bestreiten"[117], nicht überzeugen, so sehr er vom Status des Abgeordneten her nahelag. Um der Chancengleichheit willen geht es nicht an, Bürgern den Zugang zum Parlament zu erschweren oder sogar faktisch unmöglich zu machen, nur weil sie in ihrer Person oder Familie mit Krankheitsrisiken belastet sind, die sie bei Wegfall der Beihilfe nicht oder allein mit unverhältnismäßig hohen Aufwendungen abdecken könnten. Als Ausweg hätte sich hier nur eine Anregung aus dem Ausschuß für Arbeit und Sozialordnung angeboten[118], allen Abgeordneten den Zugang zur gesetzlichen Krankenversicherung als freiwilliges Mitglied zu eröffnen und ihnen einen Zuschuß zu den erforderlichen Beiträgen zu gewähren. Dieser Vorschlag könnte jedoch schon insofern auf Bedenken stoßen, als er der Solidargemeinschaft der Mitglieder der gesetzlichen Krankenversicherung das Krankheitsrisiko von Personen mit einer besonders „gefahrengeneigten" Tätigkeit aufbürden würde. So führte die Neuregelung der Rechtsstellung der Beamten unter den Abgeordneten fast zwangsläufig zur Einführung eines Beihilfeanspruchs für Abgeordnete. Beihilfen sind damit erstmals ausdrücklich in einem Gesetz im formellen Sinne verankert, was insgesamt nicht ohne Einfluß auf die Diskussion um eine Vereinheitlichung des öffentlichen Dienstrechts in diesem Bereich bleiben dürfte[119].

3.2.5 Das Ruhen der Rechte und Pflichten ergreift nicht bestehende Ansprüche eines Beamten auf Heilverfahren und Unfallausgleich (§ 5 Abs. 1 Satz 3 AbgG). Der gewählte Beamte darf fer-

---

[117] Materialien (s. Anm. 4), S. 42 unter 5.5.7 und S. 58 unter 2.

[118] Bericht und Antrag (s. Anm. 4), S. 15.

[119] Vgl. Gerhard *Jahn* (Marburg), 259. Sitzung (s. Anm. 4), S. 18577 (A); Bericht der Studienkommission für die Reform des öffentlichen Dienstrechts, 1973, S. 309 ff.

ner seine Amts- oder Dienstbezeichnung mit dem Zusatz „außer Dienst“ („a. D.“) führen (§ 5 Abs. 1 Satz 2 AbgG). Dieses Recht ist besonders für die Angaben zur Person im Amtlichen Handbuch des Deutschen Bundestages[120], aber auch für die Berufsangabe des Wahlbewerbers auf den Stimmzetteln (§ 41 Abs. 1 Nr. 1 BWO) bedeutsam, da sonst ein in den Bundestag gewählter Beamter, der erneut kandidiert, als Beruf nur „MdB“ angeben könnte, was bisher als nicht üblich galt, sich jedoch bei der Wahl zum 8. Bundestag aufgrund der jüngsten Rechtsprechung des Bundesverfassungsgerichts[121] durchzusetzen begann. Der Entwurf hatte das Recht auf Führung der Amts- oder Dienstbezeichnung noch ohne den Zusatz „a. D.“ gewährt (§ 7 Abs. 1 Satz 1 EAbgG), da das Beamtenverhältnis trotz Ruhens der Rechte und Pflichten nicht beendet wird. Der im Gesetz vorgesehene Zusatz „a. D.“ vermeidet demgegenüber den Eindruck, der gewählte Beamte sei neben dem Mandat weiterhin in der Exekutive tätig. Diese Lösung ist sachgerechter, da sie auch nach außen sinnfällig die wesentliche Wirkung der Inkompatibilität von Amt und Mandat verdeutlicht.

3.2.6 Das Ruhen der Rechte und Pflichten gilt längstens bis zum Eintritt oder bis zur Versetzung in den Ruhestand (§ 5 Abs. 1 Satz 4 und Abs. 2 AbgG). Der in den Bundestag gewählte Beamte ist also nicht gehindert, bei Vorliegen der allgemein im Beamtenrecht geltenden Voraussetzungen in den Ruhestand zu treten, sei es wegen Dienstunfähigkeit, sei es wegen Erreichens der Altersgrenze von fünfundsechzig Jahren oder einer besonderen Altersgrenze, wie sie bei bestimmten Laufbahnen vorgesehen ist (vgl. § 44 Abs. 2 i. V. m. § 45 Abs. 2 Soldatengesetz), oder wegen Vollendung des dreiundsechzigsten Lebensjahres (vgl. § 42 Abs. 3 BBG). In all diesen Fällen tritt der Beamte auch während der Mitgliedschaft im Bundestag in den Ruhestand mit Ruhegehalt, das allerdings neben der Entschädigung zu fünfzig vom Hundert ruht, jedoch begrenzt auf fünfzig vom Hundert der Entschädigung (§ 29 Abs. 2 AbgG). Es wird ferner das Dienstverhältnis der Sol-

---

[120] Siehe I Nr. 1 der Verhaltensregeln für Mitglieder des Deutschen Bundestages v. 21. 9. 1972 (BGBl. I S. 2065).

[121] Siehe die Hinweise in Anm. 88.

daten auf Zeit und der Beamten auf Zeit durch das Ruhen der Rechte und Pflichten nicht über die vorgesehene Zeit hinaus verlängert (§ 8 Abs. 2 AbgG)[122].

3.3 Beamte im einstweiligen Ruhestand

In den einstweiligen Ruhestand versetzte (politische) Beamte (vgl. § 31 Abs. 1 BRRG) werden mit der Annahme der Wahl zum Bundestag wie aktive Beamte behandelt (§ 5 Abs. 2 AbgG). Es ruhen also ihre Rechte und Pflichten aus dem Ruhestandsverhältnis. Damit entfällt besonders ihr Anspruch auf Ruhegehalt[123]. Sie können aber ebenso wie aktive Beamte auch während des Ruhens der Rechte und Pflichten unter den allgemein im Beamtenrecht geltenden Voraussetzungen in den dauernden Ruhestand eintreten[124]. Eines ausdrücklichen Hinweises darauf, wie er noch im Entwurf enthalten war (§ 7 Abs. 2 Satz 2 EAbgG), bedurfte es nicht[125].

Bisher waren in den einstweiligen Ruhestand versetzte Beamte wie andere Ruhestandsbeamte bei Annahme des Mandats im Ruhestand mit Ruhegehalt verblieben. Eine unterschiedliche Behandlung dieser beiden Gruppen unter den Ruhestandsbeamten schied auch schon darum aus, weil selbst aktive Beamte mit der Annahme des Mandats in den Ruhestand mit Ruhegehalt traten. Eine Regelung wie die des § 5 Abs. 2 AbgG konnte also erst zu einem Zeitpunkt ins Blickfeld rücken, in dem der Eintritt in den Ruhestand wegen der Annahme eines Bundestagsmandats für aktive Beamte entfiel. Es fragt sich jedoch, ob es nicht selbst unter diesen gewandelten Umständen sachgerechter gewesen wäre, sie auch nach neuem Recht wie andere Ruhestandsbeamte zu behandeln und ihre Ruhestandsbezüge in die Anrechnung nach § 29 Abs. 2 AbgG einzubeziehen. Diese Anrechnungsregelung hätte dann unter Umständen

---

[122] Die Länder sind bereits ermächtigt, für die in ihr Parlament gewählten eigenen Angehörigen des öffentlichen Dienstes dem Abgeordnetengesetz des Bundestages entsprechende Regelungen zu treffen (§ 33 Abs. 2 BRRG/Art. III Nr. 3).

[123] Die Länder sind auch insoweit zu einer entsprechenden Regelung ermächtigt (§ 33 Abs. 2 Satz 5 BRRG/Art. III Nr. 3).

[124] Dazu oben S. 34/35 unter 3.2.6.

[125] Bericht und Antrag (s. Anm. 4), S. 10.

nach Altersgrenzen gestaffelt werden können[126], um der Tatsache Rechnung zu tragen, daß Beamte im einstweiligen Ruhestand schon vor Erreichen der Altersgrenze eine relativ hohe Versorgung beziehen.

Für eine Gleichbehandlung von Beamten im einstweiligen und im dauernden Ruhestand hätte sprechen können, daß der einstweilige Ruhestand allgemein als „echter Ruhestand" gilt[127], der das Beamtenverhältnis wie der dauernde Ruhestand beendet[128]. Es handelt sich nicht um einen Wartestand, sondern mit dem einstweiligen Ruhestand sind alle Rechte und Pflichten des dauernden Ruhestands verbunden (vgl. § 32 Abs. 1 BRRG). Angesichts des allgemeinen Gleichheitssatzes könnte es daher sogar untersagt sein, sie aus dieser beamtenrechtlichen Systematik herauszunehmen und sie im Abgeordnetengesetz stärker den aktiven Beamten zuzuordnen. Andererseits ist zu bedenken, daß der in den einstweiligen Ruhestand versetzte Beamte unter bestimmten Voraussetzungen jederzeit wieder in das Beamtenverhältnis auf Lebenszeit berufen werden kann (vgl. § 39 BBG)[129]. Vergleichbares gibt es zwar auch bei wegen Dienstunfähigkeit in den Ruhestand versetzten Beamten (§ 45 BBG). Auch sie können, wenn ihre Dienstfähigkeit wiederhergestellt ist, gegen ihren Willen erneut in das Beamtenverhältnis berufen werden, aber doch nur bis zum Ablauf von fünf Jahren nach Eintritt in den Ruhestand. Die in den einstweiligen Ruhestand versetzten Beamten bilden dagegen eine ständige „Ersatzreserve" für die Besetzung von Spitzenpositionen. Sie müssen jederzeit gewärtig und bereit sein, ein neues gleichwertiges Amt zu übernehmen. Ihr Dienstherr ist sogar verpflichtet, den einstweiligen Ruhestand so kurz wie möglich zu halten und sie vorzugsweise bei

---

[126] Vgl. § 53 Abs. 2 Nr. 1 und 2 BeamtVG sowie § 53 Abs. 2 Nr. 2 des Entwurfs (BT-Drs. 7/2505).

[127] Georg *Anders*, Zur Problematik der Institution der politischen Beamten, DÖV 1964, 110 (115).

[128] Ernst *Plog* / Alexander *Wiedow*, Kommentar zum Bundesbeamtengesetz, 1958, Stand: März 1976, § 36 Rn. 1; Josef *Distel* / Bodo *Selge*, Kommentar zum Bundesbeamtengesetz, 1954, § 36 Anm. 4; Carl Hermann *Ule*, Beamtenrecht, 1970, § 32 BRRG Rn. 2; Alfred *Bochalli*, Bundesbeamtengesetz, 1954, § 36 Anm. 1; Walter *Grabendorff*, Bundesbeamtengesetz, 1953, § 36 Anm. 2; Kurt *Nischk*, Bundesbeamtengesetz, 1953, § 36 Anm. 1.

[129] Materialien (s. Anm. 4), S. 16.

der Besetzung eines geeigneten Amtes zu berücksichtigen[130]. Dadurch unterscheidet sich der Beamte im einstweiligen Ruhestand wesentlich von anderen Ruhestandsbeamten. Die Entscheidung des Gesetzgebers für den einstweiligen Ruhestand anstelle des Wartestandes ist zudem seinerzeit nicht so sehr aus systematischen Gründen erfolgt, sondern weil sie versorgungsrechtlich für den betroffenen Personenkreis günstiger ist[131]. Das Ruhegehalt der Beamten im einstweiligen Ruhestand wird zwar als erdientes Ruhegehalt bezeichnet[132], hebt sich aber doch erheblich vom erdienten Ruhegehalt anderer Ruhestandsbeamter durch einen „Risikozuschlag" ab. So erhalten sie während der ersten fünf Jahre ohne Rücksicht auf die abgeleistete Dienstzeit fünfundsiebzig vom Hundert der ruhegehaltfähigen Dienstbezüge aus der Endstufe ihrer Besoldungsgruppe (§ 14 Abs. 2 BeamtVG), was zu dem Kompromißvorschlag Anlaß gab, sie nur während dieser fünf Jahre wie aktive Beamte und danach wie Ruhestandsbeamte zu behandeln[133]. Sie nehmen also selbst versorgungsrechtlich eine Sonderstellung ein. Es kommt hinzu, daß ohne eine Regelung im Sinne des § 5 Abs. 2 AbgG die Auswirkungen des Ruhens der Rechte und Pflichten nach § 5 Abs. 1 AbgG bei politischen Beamten hätten umgangen werden können. Sicher gibt es keinen Rechtsanspruch auf Versetzung in den einstweiligen Ruhestand[134]. Auch handelte der Dienstherr pflichtwidrig, der einen politischen Beamten vor Annahme eines Mandats nur deswegen in den einstweiligen Ruhestand versetzte, um ihm neben der Entschädigung ein Ruhegehalt zu sichern. Es kann jedoch nicht als sachwidrig bezeichnet werden, wenn der Gesetzgeber um des Ansehens des Parlaments und seiner Mitglieder willen schon von vornherein einem solchen denkbaren Mißbrauch vorbeugen will. Es sollte zudem bei den hier im Brennpunkt stehenden politischen Beamten selbst der Anschein einer Privilegie-

---

[130] Reinhard *Schunke*, Die politischen Beamten, Diss. Saarbrücken 1973, S. 272.
[131] Willi *Thiele*, Die sogenannten politischen Beamten, Der öffentliche Dienst 1961, 84.
[132] *Anders*, a. a. O. (s. Anm. 127), S. 116; *Thiele*, a. a. O. (s. Anm. 131), S. 84.
[133] Bericht und Antrag (s. Anm. 4), S. 10.
[134] *Schunke*, a. a. O. (s. Anm. 130), S. 266, 267; vgl. aber *Anders*, a. a. O. (s. Anm. 127), S. 118, der de lege ferenda ein solches Recht für politische Beamte fordert.

rung vermieden werden. Es wären ferner ohne eine Regelung im Sinne des § 5 Abs. 2 AbgG einige unglückliche Vergleichspaare vorstellbar. So könnten z. B. zwei Beamte im einstweiligen Ruhestand erfolgreich als Wahlbewerber kandidieren. Der eine wird jedoch vor der Wahl wieder ins Beamtenverhältnis berufen. Ohne die Regelung des § 5 Abs. 2 AbgG erhielte dann der andere zusätzlich zur Entschädigung ein Ruhegehalt, der ins Beamtenverhältnis Zurückgerufene dagegen nicht. Nach allem ist die Entscheidung des Abgeordnetengesetzes sachgerecht und kann trotz vielfach geäußerter Bedenken[135] zumindest nicht als willkürlich im Sinne der Rechtsprechung des Bundesverfassungsgerichts zu Art. 3 Abs. 1 GG angesehen werden[136]. Mit der Festsetzung der Entschädigung auf 7500 DM (§ 11 Abs. 1 AbgG) ist zudem die aufgrund des Entwurfs noch gegebene Möglichkeit ausgeräumt, daß die Entschädigung sogar niedriger sein könnte als das Ruhegehalt. Die geschilderte Diskussion um die Behandlung der Beamten im einstweiligen Ruhestand zeigt, daß das „Diätenurteil" die Figur des politischen Beamten übersehen hat[137] und sie sich daher nicht reibungslos in das von ihm vorgezeichnete Ruhen der Rechte und Pflichten einordnen läßt.

3.4 Beamte auf Widerruf im Vorbereitungsdienst

Beamte auf Widerruf im Vorbereitungsdienst können sich mit Rücksicht auf die Belastung durch das Mandat ohne Bezüge beurlauben lassen (§ 5 Abs. 3 Satz 1 AbgG). Sie sind also nicht in die Inkompatibilität von Amt und Mandat einbezogen und können daher ebensogut ihr Dienstverhältnis neben dem Mandat fortsetzen und auch während der Mitgliedschaft im Bundestag ihre Laufbahnprüfung ablegen. Aber einmal ernannt zum Beamten auf Probe, ruhen die Rechte und Pflichten aus dem Dienstverhältnis wie bei den übrigen aktiven Beamten (§ 5 Abs. 3 Satz 2 AbgG). Diese im Entwurf noch nicht enthaltene Regelung ist im wesentlichen klarstellender Natur. Ihre Aufnahme in das Gesetz ist, so hilfreich sie sein mag, ein Indiz dafür, wie das Abgeordnetengesetz trotz ent-

---

[135] Alois *Mertes* (Gerolstein), 259. Sitzung (s. Anm. 4), S. 15597 unter 2.
[136] Vgl. *Hesse*, a. a. O. (s. Anm. 80).
[137] Siehe oben S. 29.

gegengesetzter Absicht immer umfangreicher und perfektionistischer geworden ist. Denn die Ergebnisse dieser Vorschrift hätten sich auch mit Hilfe einer konsequenten Interpretation aus dem Gesamtzusammenhang der Rechtsstellung der in den Bundestag gewählten Beamten entwickeln lassen. Allerdings ist nicht zu verkennen, daß ohne die lex specialis des § 5 Abs. 3 Satz 2 AbgG die Vorschrift des § 28 Nr. 2 BBG der Ernennung eines Beamten auf Widerruf zum Beamten auf Probe nach erfolgreichem Abschluß der Laufbahnprüfung hätte im Wege stehen können. Von der Pflicht, sich der Prüfung zu unterziehen, wird der in den Bundestag gewählte Anwärter über die durch § 5 Abs. 3 Satz 1 AbgG eröffnete Beurlaubung befreit. Macht er von dieser Möglichkeit keinen Gebrauch, erfüllt aber gleichwohl nicht die sich aus seinem Dienstverhältnis ergebenden Pflichten, so ist er durch Widerruf zu entlassen (vgl. § 32 BBG). Diese Entlassung verstieße nicht gegen Art. 48 Abs. 2 GG, sondern entspräche vielmehr der Aussage des „Diätenurteils", daß ein Beamter mit einem kompatiblen Amt während der Mitgliedschaft im Parlament nicht, ohne Dienst zu tun, sein volles Gehalt weiterbeziehen darf[138].

4. Rechte und Pflichten aus dem Dienstverhältnis nach Beendigung des Mandats

4.1 Wiederverwendungsanspruch

Der Entwurf sah grundsätzlich nach Beendigung des Mandats eine Pflicht zur Rückkehr des Beamten in sein Dienstverhältnis vor, dieses lebte von selbst wieder auf (§ 8 Abs. 1 EAbgG) und nur auf Antrag war unwiderruflich das weitere Ruhen der Rechte und Pflichten bis zum Eintritt oder bis zur Versetzung in den Ruhestand anzuordnen (§ 8 Abs. 2 EAbgG). Das Gesetz verfährt gerade umgekehrt. Der aus dem Bundestag ausscheidende Beamte wird grundsätzlich (Ausnahme: § 6 Abs. 2 S. 2 AbgG)[139] nur auf seinen Antrag wieder in das frühere Dienstverhältnis zurückgeführt (§ 6 Abs. 1 S. 2 AbgG), während ohne solchen Antrag die in dem Dienstverhältnis begründeten Rechte und Pflichten grundsätzlich

---

[138] BVerfG, a. a. O. (s. Anm. 1), S. 322/323.

[139] Dazu unten S. 42 ff. unter 4.2.

bis zum Eintritt des Versorgungsfalles weiter ruhen (§ 6 Abs. 2 Satz 1 AbgG)[140].

Das Gesetz kommt in der Umkehr dieser Systematik den Bedürfnissen der Verwaltung entgegen, ohne daß sich dadurch im Ergebnis ein entscheidender Unterschied einstellt. Dennoch könnte in der Abkehr vom Konzept des Entwurfs ein bezeichnendes Indiz dafür sichtbar werden, daß der aus dem Parlament ausscheidende Beamte und auch die Verwaltung seine Rückkehr in das Dienstverhältnis im Grunde nicht wünschen oder doch nicht als das Selbstverständliche betrachten. Die geänderte Vorschrift des § 33 Abs. 2 Satz 2 bis 4 BRRG/Art. III Nr. 3 gestattet es allerdings den Ländern, in ihren Abgeordnetengesetzen auch der ursprünglichen Regelung des Entwurfs zu folgen[141].

Der Anspruch auf Wiederverwendung ist im einzelnen so ausgestaltet, daß der Beamte für die Entscheidung über seine Rückkehr eine Überlegungsfrist von drei Monaten erhält und die Verwaltung ihn spätestens drei Monate nach seinem Antrag in das frühere Dienstverhältnis zurückzuführen hat (§ 6 Abs. 1 Satz 2 AbgG). Insgesamt kann die Übergangszeit also längstens sechs Monate dauern (§ 6 Abs. 1 Satz 1 AbgG). Innerhalb dieser Frist kann sich der ausgeschiedene Abgeordnete auf seinen beruflichen Wiedereintritt vorbereiten[142] und die Folgeverpflichtungen aus dem Mandat abwickeln. Die Übergangszeit wird er bei nur kurzfristiger Zugehörigkeit zum Bundestag nicht immer mit dem für ausscheidende Abgeordnete vorgesehenen Übergangsgeld (§ 18 AbgG) finanziell überbrücken können. Er erhält daher vom Tage der Antragstellung auf Wiederverwendung die Dienstbezüge des zuletzt bekleideten Amtes (§ 6 Abs. 1 Satz 4 AbgG; vgl. auch § 8 Abs. 1, 2. Halbs. EAbgG). Da diese Dienstbezüge im Unterschied zum bisherigen Recht voll auf das Übergangsgeld anzurechnen sind (§ 18 Abs. 2 AbgG), ist jedoch eine Doppelalimentation aus öffentlichen Kassen ausgeschlossen[143].

---

[140] Dieter *Piehl*, Fette Bonner Diät, Die Zeit v. 10. 12. 1976 beanstandet diese Wahlmöglichkeit als „Extrawurst".

[141] Bericht und Antrag (s. Anm. 4), S. 18.

[142] Materialien (s. Anm. 4), S. 16.

[143] Dazu unten S. 70/71.

Der aus dem Parlament ausscheidende Beamte hat mit Ausnahme der Professoren[144] keinen Anspruch auf das frühere Amt im konkret funktionellen Sinne, sondern nur auf ein dem früheren gleichwertiges Amt[145]. Das ihm zu übertragende Amt muß also derselben oder einer gleichwertigen Laufbahn angehören und mit mindestens demselben Endgrundgehalt ausgestattet sein wie das zuletzt bekleidete Amt (§ 6 Abs. 1 Satz 3 AbgG; bisher § 3 Abs. 1, 2. Halbs. RStG).

Wiederverwendung bedeutet nicht Wiedereinstellung, sondern Aufleben eines ruhenden Dienstverhältnisses, sofern der Betroffene noch nicht die Altersgrenze überschritten hat. Der Dienstherr kann und darf also vor Wiederaufnahme des Dienstes nicht überprüfen, ob der rückkehrwillige Beamte noch die allgemeinen Voraussetzungen für die Berufung in das Beamtenverhältnis erfüllt. Er kann die Rückkehr des Beamten besonders nicht davon abhängig machen, daß sich dieser gegen seinen Willen einer ärztlichen Untersuchung unterzieht oder auf seine Verfassungstreue überprüfen läßt. Sollten Zweifel an der Dienstfähigkeit oder der Verfassungstreue bestehen, kann ihnen der Dienstherr erst nach Rückkehr des Beamten nachgehen und dann die erforderlichen dienstrechtlichen Maßnahmen ergreifen. So sehr das im Einzelfall für die Verwaltung mit praktischen Schwierigkeiten verbunden sein mag, so wäre es doch nicht systemgerecht gewesen, entsprechend § 3 Abs. 1 des Rechtsstellungsgesetzes auch in § 6 Abs. 1 Satz 2 AbgG den Zusatz „wenn er die allgemeinen Voraussetzungen für die Berufung in das Beamtenverhältnis noch erfüllt“ aufzunehmen, da es sich nach bisherigem Recht um die Wiedereinstellung eines Ruhestandsbeamten handelte, während es heute nur um das Wiederaufleben eines für die Dauer der Ausübung des Mandats ruhenden, aber nicht beendeten Dienstverhältnisses geht.

Der Anspruch auf Wiederverwendung in einem gleichwertigen Amt steht allen Beamten zu. Er wird sich jedoch für die *kommunalen Wahlbeamten* in aller Regel nicht verwirklichen lassen[146]. Es fragt sich bei Wahlbeamten schon, ob in ihrem Fall überhaupt ein Unterschied zwischen dem Amt im konkret funktionellen und dem

---

[144] Dazu oben S. 20/21.

[145] *Plog/Wiedow*, a. a. O. (s. Anm. 128), § 60 Anm. 2 und 3.

[146] Bericht und Antrag (s. Anm. 4), S. 12.

Amt im abstrakt funktionellen Sinne gemacht werden kann oder ob nicht aufgrund ihrer besonderen auf einer Wahl beruhenden Organfunktion beides zusammenfällt mit der Folge, daß sich der Anspruch auf Wiederverwendung auf das konkrete früher besetzte Wahlamt richtet. Dann könnte für die Dauer seines Mandats nur ein „Ersatzmann" oder ein Amtsverweser auf unbestimmte Zeit gewählt werden, eine nicht tragbare Lösung. Das Abgeordnetengesetz sieht daher vor, daß die Länder für Wahlbeamte auf Zeit eine von § 6 AbgG abweichende Regelung treffen können (§ 10 AbgG). Es schreibt diese Regelung nicht selbst bundeseinheitlich vor, sondern überläßt sie den Ländern. Das erscheint mit Rücksicht auf die kommunalverfassungsrechtlichen Besonderheiten in den einzelnen Ländern, die bei ihren „Hauptgemeindebeamten" zum Teil eine mittelbare, zum Teil aber auch eine unmittelbare Wahl durch das Volk kennen, als der sachgerechtere Weg. Die Länder können somit den Wiederverwendungsanspruch eines Wahlbeamten auf Zeit, der vor Ablauf seiner Wahlzeit aus dem Parlament ausscheidet, völlig ausschließen oder nur insoweit einräumen, als innerhalb eines bestimmten Zeitraums ein dem früheren gleichwertiges Amt zur Verfügung steht. Sie können ferner als Ausgleich für den entzogenen oder im Einzelfall nicht realisierbaren Anspruch auf Wiederverwendung bestimmen, daß die Wahlzeit als abgelaufen gilt und er damit in den Ruhestand tritt. Aufgrund des „Diätenurteils" wäre es dagegen nicht zulässig, ihn bereits mit Annahme des Bundestagsmandats in den Ruhestand zu versetzen; Bedenken gegen diesen Weg wären auch dann nicht ganz auszuschließen, wenn für die Dauer der Mandatszeit das Ruhen der Rechte und Pflichten aus dem Ruhestandsverhältnis und damit der Fortfall der Ruhestandsbezüge angeordnet würde. Zudem eröffnen auch die beiden zuvor genannten Wege eine im Ergebnis vergleichbare und sachgerechte Lösung. Es kann vor allem das Amt des ins Parlament gewählten Wahlbeamten für die volle übliche Wahlzeit neu besetzt werden.

4.2 Verpflichtung zur Rückkehr

Das Abgeordnetengesetz gewährt dem Beamten nicht nur einen Anspruch auf Wiederverwendung, sondern gibt seiner obersten

Dienstbehörde sogar das Recht, ihn auch gegen seinen Willen in das frühere Dienstverhältnis zurückzuführen, wenn er weder dem Bundestag mindestens zwei Wahlperioden angehört noch bei Beendigung des Mandats das fünfundfünfzigste Lebensjahr vollendet hat. Lehnt er die Rückführung ab oder folgt er ihr nicht, so ist er entlassen (§ 6 Abs. 2 Satz 2 AbgG). Die beiden Voraussetzungen der Mitgliedschaftsdauer und des Lebensalters stehen alternativ nebeneinander. Wer das fünfundfünfzigste Lebensjahr vollendet hat, kann also auch nach nur kurzfristiger Mitgliedschaft im Bundestag nicht mehr zur Wiederaufnahme des Dienstes verpflichtet werden.

Der Entwurf war hier strenger. Danach sollten alle Beamten, die dem Bundestag nicht mindestens zwei Wahlperioden angehört hatten, in das Dienstverhältnis zurückkehren müssen (§ 8 Abs. 2 Satz 1 EAbgG). Es kam weder auf das Lebensalter an, es sei denn, die Altersgrenze war schon erreicht, noch bedurfte es einer besonderen Verpflichtung durch die oberste Dienstbehörde. Der Entwurf kannte nicht einmal die in § 6 Abs. 2 Satz 3 AbgG aufgenommene Ausnahme von der Rückkehrpflicht für Beamte, die während der Mitgliedschaft im Bundestag zugleich Mitglied der Bundesregierung gewesen waren.

Die Konzeption des Entwurfs beruhte auf dem zutreffenden Gedanken, daß sich ein Beamter mit einer kürzeren Mitgliedschaft im Bundestag, unabhängig von seinem Lebensalter und dem erreichten politischen Amt, seinem Beruf nur unerheblich entfremdet hat und ihm daher die Rückkehr in das frühere Dienstverhältnis zumutbar ist[147]. Es wäre daher sachgerechter gewesen, in § 6 Abs. 2 Satz 2 AbgG zumindest die Lebensaltersgrenze von fünfundfünfzig Jahren herauszunehmen, zumal es infolge der im Vergleich zum Entwurf insgesamt veränderten Grundstruktur dieser Vorschrift im Ermessen der obersten Dienstbehörde liegt, ob sie einen ausscheidenden Abgeordneten zur Wiederaufnahme des Dienstes verpflichten will, sie also auf das Lebensalter im gebotenen Maße hätte Rücksicht nehmen können.

Die gegenüber dem Entwurf neu eingeführte Ausnahme für Mitglieder der Bundesregierung (§ 6 Abs. 2 Satz 3 AbgG) entspricht

[147] Materialien (s. Anm. 4), S. 16.

dem bisherigen Recht (§ 3 Abs. 3 Satz 3 RStG) und korrespondiert mit § 18 Abs. 2 des Bundesministergesetzes, wonach ein aus der Bundesregierung ausscheidender Beamter oder Richter nicht gegen seinen Willen reaktiviert werden kann. Ohne die entsprechende Regelung im Abgeordnetengesetz hätten beide Gesetze zu sachlich nicht begründeten unterschiedlichen Ergebnissen geführt. Ein Beamter, der Abgeordneter und Minister war, hätte nach dem Abgeordnetengesetz zur Rückkehr in das frühere Dienstverhältnis verpflichtet werden können; ein Beamter, der nur Minister (also nicht zugleich Abgeordneter) war, nach dem Bundesministergesetz dagegen nicht. Es bleibt allerdings die mehr grundsätzliche Frage nach dem Warum dieser Ausnahme. Sicher wäre die Rückkehr eines ehemaligen Ministers in das frühere Dienstverhältnis persönlich nicht immer einfach zu verarbeiten. Der tiefere Grund für diese Ausnahme dürfte aber in der Sorge begründet liegen, einen solchen Beamten nicht wieder in die Hierarchie einer Behörde eingliedern zu können. Beide Gründe ließen sich allerdings entsprechend auch bei zahlreichen anderen Beamten unter den Abgeordneten vorstellen, die zwar nicht in der Exekutive, aber innerhalb des Parlaments eine herausgehobene Stellung eingenommen haben. Es sei nur an den einflußreichen Vorsitzenden eines Bundestagsausschusses gedacht, der als Beamter in das seinem Ausschuß korrespondierende Ministerium zurückkehren müßte. So sehr also die Ausnahmeregelung des § 6 Abs. 2 Satz 3 AbgG begründet sein mag, so wenig befriedigt sie in ihrer Beschränkung auf die Mitglieder der Bundesregierung. Es bestehen auch Zweifel an ihrer Notwendigkeit. Denn die oberste Dienstbehörde wird schon von sich aus ehemalige Minister oder Abgeordnete mit einflußreichen parlamentarischen Funktionen aus den angedeuteten Gründen nicht gegen ihren Willen in das Dienstverhältnis zurückführen.

Der zur Rückkehr verpflichtete Beamte kann die Wiederaufnahme seines Dienstes entgegen einer Empfehlung des Innenausschusses nicht um die Zeit hinausschieben, für die er *Übergangsgeld* (§ 18 AbgG) erhält[148]. Eine solche Regelung hätte dem Sinn und Zweck des Übergangsgeldes widersprochen. Es soll nicht einen mehr oder weniger langen Erholungsurlaub ermöglichen, sondern

---

[148] Bericht und Antrag (s. Anm. 4), S. 10.

in erster Linie als Starthilfe für ausscheidende Abgeordnete dienen, die sich wieder eine berufliche Existenz aufbauen wollen[149]. Für die Angehörigen des öffentlichen Dienstes, die in ihr Dienstverhältnis zurückkehren können, ist der berufliche Wiedereinstieg jedoch gesichert und es bedürfte für sie im Grunde überhaupt keines Übergangsgeldes. Das auch ihnen gewährte Übergangsgeld ist nur aus zwei Erwägungen heraus gerechtfertigt: Es kann zum einen dazu beitragen, gerade für Angehörige relativ niedriger Vergütungs- oder Besoldungsgruppen die Rückkehr in den öffentlichen Dienst zu erleichtern und gewissermaßen „abzufedern". Es ermöglicht zum andern auch Beamten, sich außerhalb des öffentlichen Dienstes eine neue berufliche Existenz zu erschließen, was ihnen über den Weg des weiteren Ruhens der Rechte und Pflichten (§ 6 Abs. 2 Satz 1 AbgG) eröffnet wird[150]. Das Übergangsgeld wird für sie dann eine häufig unentbehrliche Starthilfe bilden. Es würde aber seinem Zweck entfremdet, wenn es darüber hinaus die Rückkehr in einen Beruf sogar hinauszögern helfen sollte. Auch die zur Rückkehr verpflichteten Beamten erhalten zudem wie alle anderen ausscheidenden Abgeordneten das Übergangsgeld, auf das dann allerdings ihre Dienstbezüge voll angerechnet werden (§ 18 Abs. 2 AbgG). Sie haben daher den Eindruck, in der Zeit, in der ihnen Anspruch auf Übergangsgeld zusteht, „umsonst" zu arbeiten. Insoweit ist der Vorschlag des Innenausschusses zumindest Ausdruck eines nicht völlig unbegründeten Unbehagens. Denn der Angehörige des öffentlichen Dienstes, der nicht oder erst einige Zeit nach Ausscheiden aus dem Bundestag in das Dienstverhältnis zurückgeführt wird, kann das Übergangsgeld bis dahin voll in Anspruch nehmen. Dieses Unbehagen wächst besonders bei einem Vergleich mit Abgeordneten, die unmittelbar nach Beendigung des Mandats eine einflußreiche und entsprechend bezahlte Position in der Wirtschaft einnehmen, also keine Starthilfe benötigen und sich das Übergangsgeld nicht einmal auf ihr neues Einkommen anrechnen lassen müssen. Das geschilderte Unbehagen kann aber nur Anstoß sein, den Kreis der auf das Übergangsgeld anrechenbaren Einkommen (§ 18 Abs. 2 AbgG) erneut zu überdenken[151], statt es

[149] Materialien (s. Anm. 4), S. 18.
[150] Dazu unten S. 46 ff.
[151] Dazu unten S. 70/71.

durch eine Regelung im Sinne der Empfehlung des Innenausschusses noch zu verstärken.

4.3 Weiteres Ruhen der Rechte und Pflichten

Beamte, Richter und Soldaten konnten bisher nach Ausscheiden aus dem Parlament im Ruhestand mit Ruhegehalt verbleiben, sofern sie nicht auf ihren Antrag oder unter bestimmten Voraussetzungen auch gegen ihren Willen in das frühere Dienstverhältnis zurückberufen wurden (§ 3 Abs. 3 RStG). Die Angestellten des öffentlichen Dienstes standen sich dagegen nicht so günstig. Kehrten sie nicht in das Dienstverhältnis zurück, so ruhte ihr Arbeitsverhältnis weiter bis zum Eintritt des Versicherungsfalles. Die ihnen während des Mandats gezahlte Hälfte ihrer Vergütung fiel aber nach Ausscheiden aus dem Bundestag weg[152].

Das Abgeordnetengesetz unterscheidet sich in beidem grundlegend vom bisherigen Recht. Kehrt der Beamte nach Beendigung des Mandats nicht in den öffentlichen Dienst zurück, so ruhen die Rechte und Pflichten aus dem Dienstverhältnis weiter bis zum Eintritt oder bis zur Versetzung in den Ruhestand (§ 6 Abs. 2 Satz 1 AbgG). Er wahrt dadurch die bis zur Annahme des Mandats erworbenen Versorgungsanwartschaften. Versorgungsbezüge erhält er jedoch erst mit Erreichen der Altersgrenze oder bei Dienstunfähigkeit. Die Rechte aus dem Dienstverhältnis werden also bis zum Eintritt des Versorgungsfalles eingefroren. Danach werden zudem nur die bis zur Annahme des Mandats erdienten Ruhestandsbezüge gezahlt[153]. Diese Regelung gilt nicht nur für Beamte, Richter und Soldaten, sondern ebenso für die Angestellten des öffentlichen Dienstes.

Das Abgeordnetengesetz weicht mit dieser Figur des „weiteren Ruhens der Rechte und Pflichten" von den allgemein geltenden Grundsätzen des öffentlichen Dienstrechts ab. Denn danach bleibt einem Beamten oder Angestellten, der sein Dienstverhältnis nicht fortsetzen möchte, einzig der Weg der Entlassung mit spürbaren Nachteilen für seine Altersversorgung. Der entlassene Beamte ist zwar in der gesetzlichen Rentenversicherung nachzuversichern, da-

---

[152] *Dietrich*, a. a. O. (s. Anm. 12), S. 103.
[153] Materialien (s. Anm. 4), S. 12 und 16/17.

bei gehen ihm aber die in der Regel günstigeren versorgungsrechtlichen Ansprüche aus dem Beamtenverhältnis verloren, da er in der Zusatzversorgung nicht und in der gesetzlichen Rentenversicherung nur bis zur Höhe der jeweiligen Beitragsbemessungsgrenze nachversichert wird. Ähnlich, wenn auch nicht so einschneidend, wären die Folgen für Angestellte, denen allein der Weg der Kündigung bliebe. Das weitere Ruhen der Rechte und Pflichten vermeidet diese nachteiligen Folgen. Aus der Sicht des öffentlichen Dienstrechts handelt es sich dabei um eine mit dem Mandat verbundene Sonderregelung, die jedoch, auch an den strengen Maßstäben des „Diätenurteils" gemessen, nicht als unzulässiges Privileg beurteilt werden kann. Sie ist vielmehr aus der Sicht des Parlamentsrechts mit Rücksicht auf den Gleichheitssatz gerechtfertigt, wenn nicht sogar geboten. Denn ohne die Möglichkeit des weiteren Ruhens der Rechte und Pflichten würden die Angehörigen des öffentlichen Dienstes unter den Abgeordneten schlechter gestellt als Arbeitnehmer aus dem privatwirtschaftlichen Bereich, die nach Beendigung des Mandats ihr Arbeitsverhältnis im allgemeinen ohne vergleichbare Nachteile lösen können, da sie aufgrund des § 1 des Gesetzes zur Verbesserung der betrieblichen Altersversorgung vom 19. Dezember 1974[154] auch bei vorzeitigem Ausscheiden aus dem Betrieb ihre bis dahin erdiente Anwartschaft auf die Betriebsrente unter bestimmten Voraussetzungen behalten können. Die geringfügig vom allgemeinen Dienstrecht abweichende Regelung des § 6 Abs. 2 Satz 1 AbgG kommt auch den Interessen des Dienstherren entgegen, der den ehemaligen Abgeordneten aus diesem oder jenem Grunde nicht oder nur schwer wieder eingliedern kann. Denn sie erschwert einem Abgeordneten, der schon von sich aus nicht in den öffentlichen Dienst zurückkehren möchte, diesen Entschluß nicht noch durch den Verlust seiner bisher erworbenen besonderen versorgungsrechtlichen Anwartschaften. Das Abgeordnetengesetz hat mit der Rechtsfigur des weiteren Ruhens der Rechte und Pflichten einen Weg beschritten, der um der Mobilität der Angehörigen des öffentlichen Dienstes willen auch allgemein Eingang in das öffentliche Dienstrecht finden sollte[155].

---

[154] BGBl. I S. 3610.

[155] So auch Bericht der Studienkommission (s. Anm. 119), S. 325.

4.4 Vorzeitiger Ruhestand mit Ruhegehalt?

Der Wegfall des Ruhestandes mit Ruhegehalt nach Beendigung des Mandats wird manchen aus dem Bundestag ausscheidenden Beamten aus finanziellen Gründen zur Rückkehr in das frühere Dienstverhältnis bewegen. Dies kann für den einzelnen und die Verwaltung besonders dann zu erheblichen Problemen führen, wenn der Beamte dem Bundestag mehrere Wahlperioden angehört hat und bei seinem Ausscheiden ein fortgeschrittenes Lebensalter besitzt. Der Innenausschuß hatte daher empfohlen, daß Beamte nach Beendigung des Mandats auf Antrag in den Ruhestand versetzt werden sollten, wenn sie dem Bundestag mindestens drei Wahlperioden angehört und bei ihrem Ausscheiden das fünfundfünfzigste Lebensjahr vollendet oder dem Bundestag mindestens zwei Wahlperioden angehört und bei ihrem Ausscheiden das sechzigste Lebensjahr vollendet haben[156].

Ein solcher vorzeitiger Ruhestand mit Ruhegehalt stünde jedoch im Widerspruch zum „Diätenurteil"[157]. Dieses schreibt zwar für den Gesetzgeber bindend nur den Wegfall des Ruhestandes mit Ruhegehalt für die Dauer des Mandats vor, begründet das aber in einer Weise, die auch den vorzeitigen Eintritt in den Ruhestand mit Ruhegehalt für aus dem Parlament ausscheidende Beamte verbietet. So heißt es dort[158]: „Der Ruhestand mit Ruhegehalt ist im Beamtenrecht an die Erreichung der Dienstaltersgrenze oder an die Dienstunfähigkeit geknüpft. Es gibt für den dienstfähigen Beamten bis zur Dienstaltersgrenze also keinerlei Bezüge, weder volles Gehalt noch Ruhegehalt, solange er seine geschuldete Leistung, aus welchen Gründen auch immer, nicht erbringt." Trifft diese Aussage zwar rechtlich wie tatsächlich nicht uneingeschränkt zu[159], so zeigt sie doch ebenso wie der übrige Zusammenhang deutlich, daß das „Diätenurteil" im Grundsatz von der Rückkehr des aus dem Parlament ausscheidenden Beamten in das Dienstverhältnis ausgeht. Auch die beiden vom Bundesverfassungsgericht für die Dauer des Mandats zugelassenen Wege des Ruhens der Rechte und Pflichten

---

[156] Bericht und Antrag (s. Anm. 4), S. 11.
[157] *Dietrich*, a. a. O. (s. Anm. 12), S. 103.
[158] BVerfG, a. a. O. (s. Anm. 1), S. 322.
[159] Dazu oben S. 29.

oder der Beurlaubung ohne Bezüge machen deutlich, daß es nach Ablauf dieser Zeit das Wiederaufleben der Rechte und Pflichten aus dem früheren Dienstverhältnis als das Gegebene betrachtet. Der vorzeitige Eintritt in den Ruhestand mit Ruhegehalt bei Beendigung des Mandats wäre danach wohl ebenso als ein mit dem Mandat verbundenes verfassungswidriges Privileg zu beurteilen wie der bisher aufgrund der Annahme eines Mandats gewährte Ruhestand und die während der Mandatszeit gezahlten Ruhestandsbezüge[160].

Es ließe sich nun einwenden, der Beamte sei aufgrund der ihm auferlegten *Inkompatibilität* schon rechtlich gehindert, neben dem Mandat weiter seinem bisherigen Beruf nachzugehen und den nötigen Kontakt zu seiner beruflichen Tätigkeit zu wahren. Dadurch sei für ihn die Rückkehr in den Beruf im allgemeinen schwieriger als für Angehörige anderer Berufsgruppen und von daher doch der vorzeitige Eintritt in den Ruhestand vertretbar. Demgegenüber ist zunächst darauf hinzuweisen, daß das Bundesverfassungsgericht die Inkompatibilität von Amt und Mandat nicht einmal für die Zeit als Rechtfertigung für ein besonderes Ruhegehalt gelten läßt, in der sie sich unmittelbar auswirkt[161]. Das argumentum a maiore ad minus liegt auf der Hand. Es kommt hinzu, daß auch die nicht aus dem öffentlichen Dienst kommenden Abgeordneten allein aufgrund der mit dem Bundestagsmandat verbundenen Belastung, der Entfernung zwischen dem Sitz des Bundestages und ihrem Arbeitsplatz, der besonderen Natur ihrer bisherigen Tätigkeit und vielfältiger anderer tatsächlicher Umstände ebenfalls häufig nicht in der Lage sind, ihrem Beruf auch nur begrenzt neben dem Mandat weiter nachzugehen. Die Inkompatibilität kann also in dieser Frage nicht den Ausschlag geben.

Die Rückkehr in den öffentlichen Dienst kann zwar im Einzelfall eine nicht zu übersehende *persönliche Härte* bedeuten. Es verbindet sich damit die Sorge vor Schikanen durch den Dienstherrn oder aufs Abstellgleis geschoben zu werden, begleitet von der mehr oder weniger offen gezeigten Schadenfreude der Kollegen, die inzwischen weitergekommen sind, während der „Heimkehrer" seine

---

[160] Materialien (s. Anm. 4), S. 12.
[161] BVerfG, a. a. O. (s. Anm. 1), S. 325/326.

besten Jahre unter Verzicht auf eine berufliche Karriere dem politischen Mandat gewidmet hat. Diese Haltung könnte auch hin und wieder als mangelndes Selbstvertrauen in die eigenen Fähigkeiten gedeutet werden. Äußerungen wie die, daß die Rückkehr in den öffentlichen Dienst „unzumutbar"[162] sei oder eine „Mißachtung des Parlaments"[163] darstelle, übersehen jedoch, daß die Rückkehr in den Beruf für viele nicht aus dem öffentlichen Dienst stammende Abgeordnete mit den gleichen oder doch vergleichbaren Härten und Problemen belastet ist.

Eine Sonderregelung für die Angehörigen des öffentlichen Dienstes unter den ausscheidenden Abgeordneten könnte somit allein *aus der Sicht des Dienstherren* gerechtfertigt werden. Aus dienstrechtlicher Sicht sind gegenüber der Regelung des § 6 AbgG eine Reihe von Einwänden denkbar:

So werden sich besonders Dienstherren mit einer geringen Beschäftigtenzahl wie die Kommunen schwer tun, für den zurückkehrenden Beamten ein gleichwertiges Amt bereitzustellen. Spitzenbeamte werden auch von Dienstherren mit hoher Beschäftigtenzahl und vielfältigen Aufgabenbereichen nicht immer unterzubringen sein. Es sei nur an den Präsidenten des Statistischen Bundesamtes, eines Verfassungsschutzamtes oder eines Gerichts gedacht, der sich in den Bundestag hat wählen lassen. Bei den kommunalen Wahlbeamten ist daher, wie bereits ausgeführt[164], der vorzeitige Eintritt in den Ruhestand unumgänglich und mit Rücksicht auf ihre besondere Organfunktion gerechtfertigt. Bei langjähriger Mitgliedschaft im Bundestag wird der Beamte unter Umständen die für sein Amt benötigten Kenntnisse verloren haben und folglich für den Dienstherren nicht oder nur noch beschränkt verwendbar sein. Die von dem Beamten im Bundestag erworbenen neuen Kenntnisse, seine größere Lebenserfahrung und andere Qualifikationen, die auch im öffentlichen Dienst von erheblichem Nutzen sein könnten, wird unter Umständen sein Dienstherr nicht einsetzen können, da sie in seinem Aufgabenbereich nicht einschlägig sind, die Stelle besetzt ist, eine Beförderung erforderlich wäre, die

---

[162] *dr.*, Diätenbeschluß noch im alten Bundestag?, Süddeutsche Zeitung v. 13. 11. 1976.

[163] Vgl. heute im Bundestag Nr. 189 v. 11. 11. 1976, S. 1.

[164] Siehe oben S. 41/42.

der Personalrat nicht billigt und was nicht alles an Hindernissen denkbar ist. Ein langjähriger Abgeordneter wird besonders im untergeordneten Bereich nur schwer integriert werden können, da er in aller Regel höhere Qualifikationen erworben hat als sie seinem früheren Amt entsprechen. Allein dieser Umstand kann schon zwangsläufig zu Mißhelligkeiten führen, die der Dienstherr im Interesse seiner Behörde vermeiden möchte.

Vergleichbare Probleme bürdet das Abgeordnetengesetz allerdings auch *privaten Arbeitgebern* auf, indem es den durch Art. 48 Abs. 2 Satz 2 GG gewährleisteten *Kündigungsschutz* auf zweifache Weise erweitert[165]. Zum einen wird er auch auf das Jahr nach Beendigung des Mandats erstreckt (§ 2 Abs. 3 Satz 4 AbgG). Zum anderen ist die Zeit der Mitgliedschaft im Bundestag nach Beendigung des Mandats auf die Berufs- und Betriebszugehörigkeit anzurechnen (§ 4 Abs. 1 AbgG) und kann damit sogar zur Unkündbarkeit eines Arbeitnehmers führen[166]. Am Beispiel eines Geschäftsführers eines kleineren Unternehmens im Bereich der Feinmechanik, der sich als Abgeordneter vornehmlich der Strafrechtsreform gewidmet hat, läßt sich überdeutlich illustrieren, wie ähnlich die Probleme innerhalb und außerhalb des öffentlichen Dienstes gelagert sind, auch wenn es trotz des erweiterten Kündigungsschutzes für den privaten Arbeitgeber leichter sein wird, sie im Wege einer einverständlichen Lösung des Arbeitsverhältnisses gegen eine entsprechende Abfindung zu beheben. Dieser Weg des „golden handshake“, wie er bei internationalen Organisationen beschritten wird, sollte vielleicht als letzter Ausweg auch für den öffentlichen Dienstherren eröffnet werden, damit er nicht in ausweglosen Situationen die für beide Seiten unwürdige Versetzung in den Ruhestand wegen Dienstunfähigkeit zur Hilfe nehmen muß.

Ein Recht auf vorzeitigen Eintritt in den Ruhestand mit Ruhegehalt für aus dem Parlament ausscheidende Beamte hätte auch dem Grundsatz der *Chancengleichheit* widersprochen[167]. Dieser Grundsatz bestimmt nicht nur die Regeln über den Zugang zum Parlament und für die Dauer des Mandats, sondern wirkt über diesen

---

165 Materialien (s. Anm. 4), S. 13.
166 Materialien (s. Anm. 4), S. 14.
167 Materialien (s. Anm. 4), S. 12; Bericht und Antrag (s. Anm. 4), S. 11.

Zeitraum hinaus nach. Denn das bei Ausscheiden aus dem Parlament zu erwartende berufliche Risiko ist in aller Regel von nicht zu unterschätzender Bedeutung für den Entschluß, sich überhaupt um ein Mandat zu bewerben. Das mit der Annahme und Ausübung eines Mandats verbundene berufliche Risiko ist aber für die Angehörigen des öffentlichen Dienstes schon wegen des ihnen zugesicherten Wiederverwendungsanspruches im allgemeinen geringer als für Angehörige anderer Berufsgruppen. Besonders der Beamte auf Lebenszeit braucht nicht um seinen Arbeitsplatz zu fürchten unabhängig davon, ob er noch die für sein Amt erforderlichen beruflichen Kenntnisse besitzt oder seine Behörde zwischenzeitlich organisatorisch grundlegend verändert ist. Demgegenüber ist trotz des erweiterten Kündigungsschutzes (§§ 2 Abs. 3, 4 Abs. 1 AbgG) der Arbeitsplatz von nicht aus dem öffentlichen Dienst stammenden Abgeordneten ungleich schlechter gesichert. Ist ihr Arbeitsplatz in der Zwischenzeit weggefallen oder entsprechen ihre beruflichen Kenntnisse nicht mehr dem neuesten Stand, dann müssen sie nach Ablauf der Kündigungsschutzfrist mit der Entlassung rechnen. Die Lage für Angehörige freier Berufe oder andere Selbständige ist häufig noch ungünstiger, da sie infolge der Belastung durch das Mandat ihre Praxis oder ihren Betrieb vernachlässigt und dadurch ihre frühere Existenzgrundlage gefährdet oder sogar verloren haben. Diese Ungleichheit würde noch größer, wenn die Angehörigen des öffentlichen Dienstes mit Ausscheiden aus dem Parlament das Recht auf vorzeitigen Eintritt in den Ruhestand mit Ruhegehalt eingeräumt bekämen. Es ist nicht einmal zu sehen, wie sich der vorzeitige Eintritt in den Ruhestand für alle von der Inkompatibilität betroffenen Angehörigen des öffentlichen Dienstes einheitlich verwirklichen ließe, wie das vom Innenausschuß angeregt wurde[168]. Denn für die Angestellten des öffentlichen Dienstes eine vorzeitige Rente aus der gesetzlichen Rentenversicherung vorzusehen, ginge zu Lasten der übrigen Rentenversicherten und ihrer Beiträge, was nicht zu rechtfertigen wäre. Es würde daher das Recht auf vorzeitigen Eintritt in den Ruhestand letztlich doch nur den Beamten, Richtern und Berufssoldaten gewährt werden können und damit schon innerhalb der Gruppe der Angehörigen des öffentlichen

[168] Bericht und Antrag (s. Anm. 4), S. 11 (l. Sp.).

Dienstes unter den Abgeordneten die Chancengleichheit verzerren. Das Abgeordnetengesetz hat daher zu Recht an einer für alle Abgeordneten *einheitlichen Regelung* festgehalten.

Danach erhält der ausscheidende Abgeordnete zunächst ein *Übergangsgeld*, dessen Dauer sich nicht nach dem Lebensalter, sondern nach der Mitgliedschaft im Parlament richtet (§ 18 Abs. 1 AbgG). Denn je länger sich ein Abgeordneter wegen des Mandats von seinem Beruf entfernt hat, desto schwieriger wird sich für ihn die Rückkehr gestalten. Das Übergangsgeld wird, abgesehen von der Auszahlung in einer Summe, monatlich in Höhe der Entschädigung oder monatlich zum halben Betrag für den doppelten Zeitraum gezahlt (§ 18 Abs. 1 und Abs. 3 Satz 1 AbgG). Entsprechend der Dauer der Mitgliedschaft kann auf diese Weise ein Zeitraum von bis zu drei Jahren oder bei monatlicher Zahlweise zum halben Betrag von bis zu sechs Jahren überbrückt werden.

Es ist weiter eine *Altersentschädigung* vorgesehen (§§ 19, 20 AbgG)[169]. Sie beginnt bei Vollendung des fünfundsechzigsten Lebensjahres und einer Mitgliedschaftsdauer von mindestens sechs Jahren bei fünfundzwanzig vom Hundert der Entschädigung. Sie erhöht sich mit jedem weiteren Jahr der Mitgliedschaft um fünf vom Hundert bis auf fünfundsiebzig vom Hundert der Entschädigung mit sechzehn Jahren. Zugleich sinkt mit jedem weiteren Jahr der Mitgliedschaft die Altersgrenze um ein Jahr bis zum fünfundfünfzigsten Lebensjahr bei sechzehn Mitgliedschaftsjahren. Der Anspruch auf Altersentschädigung ruht jedoch für die Zeit, für die ein Anspruch auf Übergangsgeld besteht (§ 32 Abs. 5 AbgG). Das Abgeordnetengesetz vermeidet also auch insoweit eine Doppelalimentation[170].

Diese Übergangsregelung für ausscheidende Abgeordnete ist insgesamt nicht nur chancengerechter, sondern erübrigt die erörterte Sonderregelung für die Beamten unter den Abgeordneten[171]. Denn bei einer Mitgliedschaft von drei Wahlperioden und Vollendung des fünfundfünfzigsten Lebensjahres erhält der Abgeordnete Übergangsgeld für einundzwanzig oder zum halben Betrag für zwei-

[169] Zur Entwicklung und den Auswirkungen der Altersversorgung siehe Hartmut *Klatt*, Die Altersversorgung der Abgeordneten, 1972.

[170] Dazu unten S. 58 ff.

[171] Bericht und Antrag (s. Anm. 4), S. 11 (r. Sp.).

undvierzig Monate und vom neunundfünfzigsten Lebensjahr an eine Altersentschädigung in Höhe von fünfundfünfzig vom Hundert der Entschädigung. Bei einer Mitgliedschaft von zwei Wahlperioden und Vollendung des sechzigsten Lebensjahres erhält er Übergangsgeld für vierzehn oder zum halben Betrag für achtundzwanzig Monate und dann vom dreiundsechzigsten Lebensjahr an eine Altersentschädigung in Höhe von fünfunddreißig vom Hundert der Entschädigung, zu der noch seine Altersversorgung aus dem öffentlichen Dienst hinzutreten kann. Der vom Innenausschuß bedachte Personenkreis ist also schon aufgrund dieser, im Grundsatz bereits im Entwurf enthaltenen Regelung ausreichend gesichert und in der Regel nicht aus finanziellen Gründen zur Rückkehr in den öffentlichen Dienst mit all den für ihn und den Dienstherren damit verbundenen Problemen gezwungen.

Diese für alle Abgeordneten einheitliche, großzügige Regelung ist allerdings nicht in jeder Hinsicht unbedenklich. So hat der Innenausschuß die Dauer des Übergangsgeldes beanstandet[172], ein Einwand, der allerdings weitgehend ausgeräumt werden könnte, wenn sich ein praktikabler Weg finden ließe, auf dem über § 18 Abs. 2 AbgG hinaus jedes Einkommen auf das Übergangsgeld angerechnet würde[173]. Erheblicher sind dagegen die Einwände gegen die Ausgestaltung der Altersentschädigung[174]. Hier wäre es angemessener gewesen, der ursprünglichen Regelung des Entwurfs zu folgen, die nach sechsjähriger Mitgliedschaft (nur) eine Mindestversorgung von neunzehn vom Hundert und erst nach zwanzigjähriger Mitgliedschaft die Höchstversorgung von fünfundsiebzig vom Hundert der Entschädigung vorsah (§§ 16 und 18 EAbgG). Sicher hätten nur wenige Abgeordnete diese Höchstversorgung erreicht, da die durchschnittliche Mitgliedschaftsdauer etwa acht Jahre beträgt[175]. Wer aber nur zwei, drei oder sogar vier Wahl-

[172] Vgl. Bericht und Antrag (s. Anm. 4), S. 11 (l. Sp.).

[173] Dazu unten S. 70/71.

[174] Vgl. Peter *Conradi*, Ärgernis Diätengesetz, Stuttgarter Nachrichten vom 9. 12. 1976; Norbert *Gansel*, 259. Sitzung (s. Anm. 4), S. 18597; Gerhard *Jahn* (Marburg), 259. Sitzung (s. Anm. 4), S. 18576 (C und D); Hans Peter *Schütz*, 7500 Mark, Stuttgarter Nachrichten v. 9. 12. 1976; Werner *Vontobel*, Der Bundestag nimmt Wohlfahrt ernst, Tagesanzeiger (Zürich) v. 9. 12. 1976.

[175] Darauf weist besonders Kurt *Spitzmüller* hin (259. Sitzung, s. Anm. 4, S. 18572 (B)).

perioden im Bundestag verbleibt, wird in aller Regel noch einen anderweitigen Versorgungsanspruch erwerben und wäre daher auch aufgrund der Regelung des Entwurfs insgesamt ausreichend gesichert gewesen. Es bleibt zu hoffen, daß die Landesparlamente hier dem Abgeordnetengesetz des Bundestages nicht folgen, zumal die in diesem Zusammenhang wichtigen Anrechnungsvorschriften (§ 29 Abs. 3 und 4 AbgG), im wesentlichen unverändert aus dem Entwurf übernommen, gerade davon ausgingen, daß die Höchstversorgung aus der als „Staatspension" ohne eigene Beiträge ausgestalteten Altersentschädigung erst nach zwanzigjähriger Mitgliedschaft erreicht werden konnte[176]. Insgesamt ist allerdings die im Abgeordnetengesetz verwirklichte einheitliche Regelung für alle ausscheidenden Abgeordneten der vorgeschlagenen Sonderregelung für Beamte vorzuziehen.

4.5 Berücksichtigung von Mandatszeiten als Dienstzeiten

Das Abgeordnetengesetz geht von dem Grundgedanken einer weitgehenden Trennung von Amt und Mandat aus[177]. Das zeigt sich während der Dauer des Mandats in dem angeordneten Ruhen der Rechte und Pflichten aus dem Dienstverhältnis (§ 5 AbgG) und nach Beendigung des Mandats in der eingeschränkten Berücksichtigung der Mandatszeit als Dienstzeit (§ 7 AbgG).

Besonders streng ist dieser Grundgedanke im Bereich des *Versorgungsrechts* durchgeführt. Bisher galt die Zeit der Mitgliedschaft im Bundestag für Beamte, Richter, Berufssoldaten und Angestellte mit vertraglichem Anspruch auf Versorgung nach beamtenrechtlichen Grundsätzen als Dienstzeit im Sinne des Versorgungsrechts (§§ 4, 5 Abs. 1 RStG). Sie wurde somit voll bei der Bemessung der ruhegehaltfähigen Dienstzeit berücksichtigt. Ferner galten Angestellte des öffentlichen Dienstes, die bis zur Annahme der Wahl Pflichtversicherte im Sinne der Rentenversicherung waren, während der Mitgliedschaft im Bundestag weiter als pflichtversichert, zahlte der Dienstherr die gesetzlichen und dienstvertraglichen Arbeitgeberanteile für die Alters- und Hinterbliebenenversorgung, was sich entsprechend auch auf die zusätzliche Alters- und Hinterblie-

---

176 Materialien (s. Anm. 4), S. 20. Dazu auch unten S. 69.
177 Vgl. Materialien (s. Anm. 4), S. 17 (zu § 9).

benenversorgung erstreckte (§ 5 Abs. 2 RStG). Künftig wird all dies entfallen. Die Mandatszeit darf bei Beamten nicht mehr als Dienstzeit im Sinne des Versorgungsrechts berücksichtigt werden (§ 7 Abs. 3 AbgG), was entsprechend für Richter, Berufssoldaten und Soldaten auf Zeit sowie sinngemäß für Angestellte des öffentlichen Dienstes gilt (§ 8 Abs. 1 und 3 AbgG). Diese neue Regelung des Abgeordnetengesetzes ist eine notwendige Folge der nunmehr als „Staatspension" ausgestalteten Altersentschädigung[178] und beseitigt einen Rechtszustand, der schon vorher Anstoß erwecken konnte, da ein und dieselbe Zeit versorgungsrechtlich zweimal berücksichtigt wurde[179].

Die Mandatszeit wird ferner im Unterschied zum bisherigen Recht (§ 4 RStG) nur noch zur Hälfte als Dienstalter im Sinne des *Besoldungsrechts* berücksichtigt. Das gilt für den, der in das frühere Dienstverhältnis zurückkehrt, ebenso wie für den, der das weitere Ruhen der Rechte und Pflichten wählt (§ 7 Abs. 1 und 2 AbgG). Es bedeutet im zweiten Fall, daß sich der spätere Versorgungsanspruch nach der Dienstaltersstufe richtet, die der Beamte bei seinem Ausscheiden aus dem Bundestag erreicht hatte[180]. Es handelt sich dabei nicht um eine mit dem Mandat verbundene Sonderregelung. Vielmehr wird allgemein jede außerhalb des öffentlichen Dienstes verbrachte Zeit zur Hälfte bei der Festsetzung des Besoldungsdienstalters berücksichtigt. Nun mag es widersprüchlich erscheinen, daß im Gegensatz hierzu ein Beamter, der sich für die Tätigkeit bei einer Fraktion des Bundestages beurlauben läßt, diese Zeit voll auf sein Besoldungsdienstalter angerechnet bekommt. Der Rechtsausschuß regte daher an, bei den in den Bundestag gewählten Beamten ebenso zu verfahren. Es ist auch nicht zu übersehen, daß das „Diätenurteil" eine dem bisherigen § 4 des Rechtsstellungsgesetzes entsprechende Vorschrift des saarländischen Landtagsgesetzes (§ 8) nicht beanstandet hat, weil es den Streitgegenstand des anhängigen Verfahrens so weit nun auch wieder nicht ausdehnen

---

[178] *Dietrich*, a. a. O. (s. Anm. 12), S. 103 hält dagegen die bisherige Regelung auch nach dem „Diätenurteil" für zulässig, wobei er allerdings noch nicht die nunmehrige Ausgestaltung und Bemessung der Altersentschädigung voraussehen konnte.

[179] *Schmitt-Vockenhausen*, a. a. O. (s. Anm. 93), 2. Folge.

[180] Materialien (s. Anm. 4), S. 17.

konnte oder wollte[181]. Dennoch ist die einschränkende Regelung des Abgeordnetengesetzes eine sachgerechte und notwendige Konsequenz aus dem für die Dauer des Mandats angeordneten Ruhen der Rechte und Pflichten aus dem Dienstverhältnis. Selbst bei einer Beurlaubung des Beamten wird die anderweitig verbrachte Zeit nur dann voll als Dienstzeit berücksichtigt, wenn sie im dienstlichen Interesse erfolgt. Das „Diätenurteil" nennt zwar die Beurlaubung ohne Dienstbezüge als einen möglichen weiteren Weg neben dem Ruhen der Rechte und Pflichten[182]. Schon von der Tätigkeit des Abgeordneten her und seinem besonderen Status als Träger eines „freien Mandats" kann damit aber nicht die „Beurlaubung im dienstlichen Interesse" gemeint gewesen sein.

Das Abgeordnetengesetz schließt die Mandatszeit allerdings nicht in allen Fällen als Dienstzeit aus. So kann die Zeit der Mitgliedschaft im Bundestag dann auf Antrag als Dienstzeit im Sinne des Besoldungs- und Versorgungsrechts berücksichtigt werden, wenn der Antragsteller infolge einer Mandatszeit von weniger als sechs Jahren (§ 19 AbgG) keine Anwartschaft auf eine Altersentschädigung erworben hat und nicht die für diesen Fall vorgesehene Versorgungsabfindung wählt oder die bisherige Mandatszeit im Hinblick auf eine angestrebte Wiederwahl „stehen" läßt (§ 23 Abs. 5 AbgG). Diese Regelung ermöglicht den Angehörigen des öffentlichen Dienstes eine sinnvolle Vervollständigung ihrer bisherigen Versorgung und ist nicht zu beanstanden, da die Mandatszeit versorgungsrechtlich insgesamt nur einmal zu Buche schlägt.

Die Mandatszeit wird schließlich als *laufbahnrechtliche Dienstzeit* und bei Arbeitnehmern des öffentlichen Dienstes auf *Dienst- und Beschäftigungszeiten* angerechnet (§ 7 Abs. 4 und 5 AbgG). Das Abgeordnetengesetz geht damit sogar über das bisherige Recht hinaus. Diese Regelung ist im Zusammenhang mit § 4 Abs. 1 AbgG zu sehen, der für außerhalb des öffentlichen Dienstes Beschäftigte ebenfalls die Anrechnung der Mandatszeit auf die Berufs- und Betriebszugehörigkeit vorsieht. Die Anrechnung auf die laufbahnrechtliche Dienstzeit gibt keinen Anspruch auf Beförderung, son-

---

[181] Vgl. besonders kritisch *Menger*, a. a. O. (s. Anm. 1).
[182] Dazu oben S. 30.

dern bewirkt nur den Wegfall bestimmter zeitlicher Sperren, die ihr entgegenstehen könnten, selbst wenn die übrigen Voraussetzungen für eine Beförderung gegeben sind[183]. Die vorgesehene Anrechnung auf die Dienst- und Beschäftigungszeiten erweitert besonders den Kündigungsschutz[184] und ist daher in ihrer Tragweite nicht zu unterschätzen. Die Anrechnung der Mandatszeit in den Fällen der Absätze 4 und 5 des § 7 AbgG ist jedoch nicht mit finanziellen Vorteilen verbunden, die sich wie die bisherige Berücksichtigung als Dienstzeit im Sinne des Besoldungs- und Versorgungsrechts gleich zweifach auszahlen. Sie erklärt sich vielmehr aus dem Bemühen, dem ausscheidenden Abgeordneten die Rückkehr in den Beruf soweit wie möglich zu erleichtern[185].

5. Zusammentreffen mehrerer Bezüge aus öffentlichen Kassen

5.1 Verfassungsrechtliche Grundfragen

Die Entschädigung oder Altersversorgung als Abgeordneter und Bezüge aus einem Amtsverhältnis oder einer Verwendung im öffentlichen Dienst konnten bisher ungeschmälert in einer Person zusammentreffen. Eine gegenseitige Anrechnung war ausgeschlossen. Dies folgte für die Entschädigung aus deren Grundverständnis, im wesentlichen nur Ersatz des mit dem Mandat verbundenen besonderen Aufwands zu sein, obgleich sie im Laufe der Zeit immer stärker auch dem Lebensunterhalt des Abgeordneten und seiner Familie zu dienen bestimmt war[186]. Für die Altersversorgung der Mitglieder des Bundestages war die gegenseitige Anrechnung mit Rücksicht auf ihre versicherungsrechtlich ausgestaltete Grundlage sogar ausdrücklich ausgeschlossen (§ 10 Diätengesetz 1968), um dadurch die Angehörigen des öffentlichen Dienstes nicht gegenüber Abgeordneten aus anderen Berufsgruppen zu benachteiligen[187].

---

[183] Materialien (s. Anm. 4), S. 14.
[184] Dazu oben S. 51/52.
[185] Materialien (s. Anm. 4), S. 13.
[186] Vgl. dazu: Gerhard *Loewenberg*, Parlamentarismus im politischen System der Bundesrepublik Deutschland 1969, S. 76 ff.; Alfred *Rapp*, Das parlamentarische Gehalt, Die Politische Meinung 1958, S. 4; Ludger Anselm *Versteyl*, Verfassungsrechtliche Aspekte des Abgeordnetengehalts, DÖV 1972, 774.
[187] Schriftlicher Bericht des Vorstandes des Deutschen Bundestages (BT-Drs. V/2754, S. 3.

Das „Diätenurteil“ nahm den sichtbaren Wandel im Charakter der Entschädigung zum Anlaß, sie als „Vollalimentation aus der Staatskasse“ zu qualifizieren[188]. Die Abgeordneten wurden damit in den weiteren Kreis der Alimentationsempfänger aus öffentlichen Kassen eingereiht. Es war daher nur folgerichtig, das im Recht des öffentlichen Dienstes beheimatete Verbot der Doppelalimentation aus öffentlichen Kassen auch auf sie zu erstrecken. Dieses Ergebnis hätte allerdings wie die vom Bundesverfassungsgericht verlangte Besteuerung auch ohne die Charakterisierung der Entschädigung als Alimentation erreicht werden können.

Die gegenseitige Anrechnung von Entschädigung und anderen Bezügen aus öffentlichen Kassen hat das Bundesverfassungsgericht ausdrücklich nur für einige unter den denkbaren Sachverhalten angesprochen[189]. Im Vordergrund seiner Aussagen zur Anrechnung steht dabei das Zusammentreffen der (Grund-)Entschädigung mit anderen aktiven Bezügen aus einem mit dem Mandat vereinbaren Amt. Das Gericht führt insoweit aus, die Alimentationsverpflichtung der öffentlichen Hand gehe „in einem solchen Fall nicht notwendig auf eine doppelte Aufbringung des angemessenen Lebensunterhalts“; es fehle „jedenfalls an jedem sachlich zureichenden Grund, diesen Fall anders als entsprechend den gegenwärtig im Beamtenrecht geregelten Grundsätzen zu behandeln und den Abgeordneten zu privilegieren... Das wäre unvereinbar mit dem Gleichheitssatz“.

Es handelt sich bei dieser Aussage um ein den Gesetzgeber nicht bindendes obiter dictum[190], dessen Zusammenhang mit den das „Diätenurteil“ tragenden Gründen aber nicht übersehen werden darf. Dem Urteil sind zudem für die übrigen Konstellationen des Zusammentreffens von Entschädigung oder Altersversorgung aus dem Mandat mit anderen Bezügen aus öffentlichen Kassen, wenn

---

[188] BVerfG, a. a. O. (s. Anm. 1), S. 316. So schon Georg *Jellinek*, System der subjektiv öffentlichen Rechte, 2. Aufl. 1905, S. 171: „Juristisch ist die Zahlung der Tagegelder eine öffentlich-rechtliche Alimentation der Abgeordneten“; ebenso Wilhelm *Henke*, Das Recht der politischen Parteien, 2. Aufl. 1972, S. 143; dazu kritisch: *Seuffert* in seinem Sondervotum, BVerfGE 40, 330 (336 ff.).

[189] BVerfG, a. a. O. (s. Anm. 1), S. 329/330.

[190] Materialien (s. Anm. 4), S. 7.

überhaupt, nur vage Andeutungen zu entnehmen. Der gewandelte Charakter der Entschädigung legt gleichwohl ein umfassendes Anrechnungssystem zumindest dann nahe, wenn die Entschädigung als ein dem Mandat angemessenes, voll den Lebensunterhalt des Abgeordneten und seiner Familie gewährendes Einkommen ausgestaltet wird. In dieses Anrechnungssystem ist dann nicht nur die während der Mitgliedschaft im Parlament gezahlte (Grund-)Entschädigung, sondern auch das danach gezahlte Übergangsgeld und die Altersentschädigung einzubeziehen, zumal wenn sie als „Staatspension" ohne eigene Beiträge geleistet wird.

Die Anrechnung hat dabei jedoch nicht streng den vergleichbaren beamtenrechtlichen Regelungen zu folgen[191]. Schon das „Diätenurteil" verweist nur auf die im Beamtenrecht geltenden „Grundsätze" und deren „entsprechende" Anwendung[192]. Es eröffnet dem Gesetzgeber bereits dadurch einen gewissen Spielraum. Das Bundesverfassungsgericht betont zudem mit seiner Richtlinie zur Anrechnung den „Alimentationscharakter" der Entschädigung zu stark. Abgeordnetenalimentation und Beamtenalimentation sind nicht identisch. Das Gericht erklärt selbst an anderer Stelle, der Abgeordnete sei „natürlich kein ‚Beamter' geworden"[193] und die Entschädigung kein Gehalt im beamtenrechtlichen Sinn[194]. Es überrascht daher, wenn es gleichwohl ein Abweichen von den beamtenrechtlichen Anrechnungsgrundsätzen ohne weiteres als mit dem Gleichheitssatz nicht vereinbar hinstellt, zumal das Gericht noch in seiner Entscheidung vom 21. Oktober 1971 erklärt hat, es gebe keine derartigen Grundsätze[195]. Das Gericht läßt damit die bei der Anwendung des Art. 3 Abs. 1 GG gebotene Abwägung der Unterschiede zwischen den verglichenen Sachverhalten vermissen. Denn es berücksichtigt nicht, daß Abgeordnete, die nicht aus dem öffent-

---

[191] Zu den gegenwärtigen Regelungen des Beamtenrechts: *Dietrich*, a. a. O. (s. Anm. 12), S. 103–104.

[192] Siehe Anm. 189.

[193] BVerfG, a. a. O. (s. Anm. 1), S. 314. Siehe dazu auch unten S. 85–88.

[194] BVerfG, a. a. O. (s. Anm. 1), S. 316.

[195] BVerfGE 32, 157 (166). Es wurde im Anschluß an diese Entscheidung sogar die Ansicht vertreten, daß einige der bestehenden Anrechnungs- und Ruhensvorschriften verfassungswidrig seien (vgl. Hans-Dietrich *Weiß*, Das Alimentationsprinzip in den Grenzen seiner beschränkenden Wirkungen, ZBR 1972, 289 m. w. N.).

lichen Dienst stammen, vor, während oder nach der Mitgliedschaft im Bundestag ein nicht auf die Entschädigung oder Altersentschädigung anrechenbares weiteres Einkommen erwerben können. Dieser Gesichtspunkt ist zwar auch im Bereich der beamtenrechtlichen Anrechnung zu finden. Auch dort bleiben private Einkünfte bei der Zahlung und Bemessung von Dienst- und Versorgungsbezügen unberücksichtigt. Gleichwohl wird die allein auf weitere Bezüge aus öffentlichen Kassen beschränkte Anrechnung nicht als Verstoß gegen den Gleichheitssatz angesehen[196]. Es geht hier nun aber nicht darum, ob eine dem Beamtenrecht vergleichbare Regelung im Entschädigungsrecht gegen den Gleichheitssatz *verstieße*, sondern ob sie vom Gleichheitssatz so und nicht anders *gefordert* wird oder ob nicht doch die Besonderheiten des Parlamentsrechts ein gewisses Abweichen von den beamtenrechtlichen Grundsätzen zulassen oder sogar gebieten. Es ist insoweit besonders an den vom Bundesverfassungsgericht selbst für das Parlamentsrecht so betonten „formalisierten Gleichheitssatz" zu denken und den daraus abgeleiteten Grundsatz der Chancengleichheit der Wahlbewerber sowie das Gebot der gleich hoch bemessenen Entschädigung für alle Mitglieder des Parlaments[197]. Gerade der Grundsatz der Chancengleichheit könnte aber beeinträchtigt werden, wenn Abgeordnete mit bereits vor der Annahme der Wahl erdienten beamtenrechtlichen oder beamtenähnlichen Versorgungsbezügen sich diese auf die Entschädigung anrechnen lassen müßten, während Wahlbewerber mit Versorgungsbezügen aus „privaten Kassen" davon nicht betroffen wären und folglich nicht bei Erwerb eines Mandats die Kürzung ihrer Versorgungsbezüge befürchten müssen. Dem Grundsatz der gleich hoch bemessenen Entschädigung könnte es ferner widersprechen, wenn sich Abgeordnete mit kompatiblen Ämtern im öffentlichen Dienst die Entschädigung auf ihre anderen Bezüge anrechnen lassen müßten, während Abgeordnete mit einem Beruf außerhalb des öffentlichen Dienstes daraus ein ungeschmälertes zusätzliches Einkommen erzielen können[198]. Das Bundesverfassungs-

[196] BVerfGE 17, 337 (353); 21, 329 (349); BVerwGE 12, 102 (103/104).

[197] BVerfG, a. a. O. (s. Anm. 1), S. 318.

[198] So Materialien (s. Anm. 4), S. 8 und 21. Vgl. in diesem Sinne auch den Schriftlichen Bericht zum Diätengesetz 1968 (s. Anm. 187). Dagegen bezeichnet Hans Herbert *von Arnim*, Reform der Abgeordnetenentschädigung, hrsg.

gericht geht insoweit selbst davon aus, daß die Angehörigen des öffentlichen Dienstes unter den Abgeordneten mit einem kompatiblen Amt entsprechend der Leistung in diesem Amt weiter bezahlt werden dürfen[199] und andererseits Einkünfte aus einer Tätigkeit außerhalb des öffentlichen Dienstes auch künftig unbegrenzt zulässig sind. Das Verdikt gegen die unechten Beraterverträge[200] kann und soll daran auch aus der Sicht des Gerichts im Grundsatz nichts ändern[201]. *Seuffert* hat in seinem Sondervotum zum „Diätenurteil" mit Rücksicht darauf erklärt[202], es widerspreche sogar dem Gleichheitssatz, wenn Bezüge aus öffentlichen Kassen, die nicht wie bisher das Ruhegehalt aufgrund der Rechtsstellungsgesetze wegen der Mandatsübernahme selbst anfielen, im Verhältnis zur Entschädigung anders behandelt würden als Bezüge aus „privaten Kassen". Die vom Grundgesetz gebotene einheitliche Abgeordnetenentschädigung sei nur zu verwirklichen, wenn bei ihrer Festsetzung jede Abhängigkeit von sonstigen Bezügen, „mithin auch jede Verrechnung anderer Bezüge mit der Entschädigung oder umgekehrt ausgeschlossen wird". Die Tragweite dieser Aussage ist noch nicht hinreichend untersucht. Sie macht jedoch schon jetzt deutlich, daß die ihr zugrundeliegenden Gedanken im Diätenrecht zumindest ein Abweichen von den beamtenrechtlichen Grundsätzen der Anrechnung erlauben und damit dem Gesetzgeber hier ein weiterer Spielraum offensteht, als ihn das „Diätenurteil" zuzubilligen scheint. Selbst eine an beamtenrechtlichen Grundsätzen ausgerichtete Regelung würde zudem nicht, wie gelegentlich gefordert wird[203], zu einer vollen Verrechnung der Entschädigung mit anderen Bezügen aus öffentlichen Kassen führen. Das läßt schon das „Diätenurteil" deutlich werden, wenn es ausführt, die Alimenta-

---

vom Karl-Bräuer-Institut des Bundes der Steuerzahler, September 1976, S. 34 diese Argumentation als „gelinde gesagt, merkwürdig".

[199] Vgl. BVerfG, a. a. O. (s. Anm. 1), S. 322/323, wo das Gericht nur beanstandet, daß ein kompatibler Beamter, „ohne Dienst zu tun", sein volles Gehalt weiterbezieht.

[200] BVerfG, a. a. O. (s. Anm. 1), Leitsatz 5 und S. 318/319.

[201] Dazu unten S. 82 ff.

[202] *Seuffert*, a. a. O. (s. Anm. 188), S. 341–343.

[203] *von Arnim*, a. a. O. (s. Anm. 198); Eckhard *Schleifenbaum*, 259. Sitzung (s. Anm. 4), S. 18591; vgl. auch *Maunz*, a. a. O. (s. Anm. 1), Art. 48 Rn. 26.

tionsverpflichtung der öffentlichen Hand gehe in solchen Fällen „nicht notwendig" auf eine doppelte Aufbringung des angemessenen Lebensunterhalts[204].

5.2 Das System der Anrechnung im einzelnen

Bezüge aus anderen öffentlichen Kassen können mit der Entschädigung, der Altersentschädigung und dem Übergangsgeld zusammentreffen, also mit Leistungen, die nach dem Abgeordnetengesetz alle „Alimentationscharakter" besitzen. Die Anrechnung soll im folgenden getrennt nach diesen drei Gruppen erörtert werden.

5.2.1 Die *Entschädigung* kann mit einem Einkommen, aber auch mit Versorgungsbezügen aus einem Amtsverhältnis oder aus einer Verwendung im öffentlichen Dienst zusammentreffen. Der Begriff der Verwendung im öffentlichen Dienst bestimmt sich dabei nach § 53 Abs. 5 des Beamtenversorgungsgesetzes (§ 29 Abs. 8 AbgG). Es gehört dazu also jede Beschäftigung im Dienst von Körperschaften, Anstalten und Stiftungen des öffentlichen Rechts im Reichsgebiet oder ihrer Verbände. Es ist aber auch die Verwendung im öffentlichen Dienst bestimmter zwischenstaatlicher oder überstaatlicher Einrichtungen eingeschlossen. Ausgenommen ist dagegen die Beschäftigung bei öffentlich-rechtlichen Religionsgesellschaften oder ihren Verbänden. Der Entwurf stellte für beide Konstellationen des Zusammentreffens der Entschädigung mit anderen Bezügen das Mandat in den Vordergrund, ließ die Entschädigung grundsätzlich unangetastet und kürzte stattdessen die anderen Bezüge (§ 22 Abs. 1 und 2 EAbgG). Er begründete dies mit dem Hinweis auf den formalisierten Gleichheitssatz und das daraus abgeleitete Gebot der gleich hoch bemessenen Entschädigung für alle Abgeordneten[205]. So sehr sich für diesen Weg auch rechtspolitische Gründe anführen lassen, so wenig ist er verfassungsrechtlich zwingend vorgeschrieben. Denn der formalisierte Gleichheitssatz dürfte so lange gewahrt sein, als auch bei einer Kürzung der Entschädigung das Gesamteinkommen aus der gekürzten Entschädigung und

[204] Siehe Anm. 189.
[205] Materialien (s. Anm. 4), S. 21 (l. Sp.).

den anderen Bezügen aus öffentlichen Kassen nicht unter der für alle Abgeordneten vorgesehenen Entschädigung liegt[206].

Das Abgeordnetengesetz folgt dem vom Entwurf beschrittenen Weg nicht mehr für die Konstellation des Zusammentreffens der Entschädigung mit dem *Einkommen aus einem kompatiblen Amt.* Hier wies der Entwurf auch insofern eine Schwäche auf, als die unterschiedslose Kürzung des Einkommens um ein Drittel zu einer Nivellierung des Gesamteinkommens der Mitglieder der Bundesregierung untereinander (Bundeskanzler/Bundesminister) wie in ihrem Verhältnis zu den Parlamentarischen Staatssekretären geführt hätte. Diese Schwäche wäre allerdings im rechnerischen Ergebnis auf der Grundlage der vom Entwurf gewählten Konzeption durch den Zusatz auszugleichen gewesen, daß das Ruhen des Anspruchs auf das zusätzliche Einkommen auf höchstens fünfzig vom Hundert der Entschädigung begrenzt worden wäre. Das Abgeordnetengesetz hat den umgekehrten Weg entscheidend darum eingeschlagen, weil das Schwergewicht der Tätigkeit der Mitglieder der Bundesregierung und der Parlamentarischen Staatssekretäre in der Exekutive liege[207]. Dies ist selbst bei den Parlamentarischen Staatssekretären in der Tat der Fall, auch wenn es vom Grundverständnis ihres Amtes her gesehen anders sein sollte. Das Leistungsprinzip legt es daher nahe, anstelle der Entschädigung die Amtsbezüge ungekürzt zu belassen. Dieser Weg entspricht auch dem Beamtenrecht, das bei der vergleichbaren Kategorie des Zusammentreffens zweier Hauptämter die Bezüge aus dem höher bezahlten Amt ungekürzt beläßt und dazu nur eine Zulage oder einen Teil der Bezüge aus dem anderen Amt hinzutreten läßt[208]. Die vom Gesetz bevorzugte Lösung (§ 29 Abs. 1 AbgG) ist nach allem vertretbar[209]. Es bleibt allerdings zu bedenken, daß das Mandat Ausgang und Grundlage für eine Mitgliedschaft in der Bundesregierung ist und bleiben

---

[206] Vgl. *Dietrich,* a. a. O. (s. Anm. 12), S. 104 (r. Sp.).

[207] Bericht und Antrag (s. Anm. 4), S. 15 (l. Sp.).

[208] Vgl. § 5 BBesG; Vorbem. 5 zur Besoldungsordnung C; § 101 Abs. 3 Satz 3 BVerfGG.

[209] Hans A. *Engelhard,* 259. Sitzung (s. Anm. 4), S. 18580 stellt allerdings die Frage, ob eine Anrechnung der Entschädigung auf die Bezüge von Bundesministern und Parlamentarischen Staatssekretären überhaupt gerechtfertigt ist.

sollte. Je stärker jedoch die Mitgliedschaft in der Bundesregierung betont wird, desto mehr könnte diese Voraussetzung in Frage gestellt und dem Gedanken eines nicht unproblematischen Ruhens des Mandats[210] oder sogar der Inkompatibilität für Regierungsmitglieder[211] Vorschub geleistet werden.

Der konkrete Kürzungssatz von fünfzig vom Hundert der Entschädigung ist geringer als bei den wenigen vergleichbaren Regelungen des Beamtenrechts[212]. Die Kürzung darf zudem dreißig vom Hundert des Einkommens aus dem kompatiblen Amt nicht überschreiten. Dieser Zusatz ist vornehmlich für Professoren an Hochschulen gedacht, die bis zum Ende der 8. Wahlperiode ihr Amt uneingeschränkt (§ 46 Abs. 2 AbgG) und danach aufgrund besonderen Landesrechts beschränkt (§ 9 AbgG) neben dem Mandat weiter wahrnehmen dürfen[213]. Er wirkt sich allerdings, wenn auch nur geringfügig, bereits zugunsten der Parlamentarischen Staatssekretäre aus. Ohne diese Höchstgrenze würde die Regel des § 29 Abs. 1 AbgG jedoch für Professoren, besonders nach Ablauf der Übergangszeit, zu nicht tragbaren Ergebnissen führen, da sich die Anrechnung auch auf den Fall erstrecken soll, daß ein Professor auf der Grundlage des § 9 AbgG nur ein Drittel seiner bisherigen Dienstbezüge behält. Demgegenüber scheint sich besonders in Baden-Württemberg, das keine umfassende Inkompatibilität von Amt und Mandat einzuführen beabsichtigt, die nicht unproblematische Tendenz abzuzeichnen, die Bezüge für kompatible Amtsinhaber zwar entsprechend der zu erwartenden Dienstleistung zu kürzen, sie dann aber aus der Anrechnung herauszunehmen. Die Anrechnung darf zwar in diesen Fällen nicht so streng ausfallen, daß jeder finanzielle Anreiz für die Wahrnehmung der dienstlichen Aufgaben verloren ginge. Es würde sonst indirekt doch ein der

---

210 So Reinhold *Kreile*, Kurzprotokoll der 18. Sitzung des 2. Sonderausschusses der 7. Wahlperiode des Deutschen Bundestages am 23. November 1976, S. 24. Vgl. dazu Wolfgang *Schreiber*, Kommentar zum Bundeswahlgesetz, 1976, S. 428 und das dazu vor dem HessStGH anhängige Verfahren (*W. F.*, Der Streit um das ruhende Mandat lebt auf, Frankfurter Allgemeine v. 15. 7. 1976).

211 Eckhard *Schleifenbaum*, 259. Sitzung (s. Anm. 4), S. 18591 (D).

212 Siehe die Hinweise in Anm. 208.

213 Dazu oben S. 10 ff.

Inkompatibilität vergleichbarer Zustand geschaffen. Es erschiene aber unangemessen, wenn der Abgeordnete trotz des als Hauptbeschäftigung mit einer entsprechenden Vollalimentation ausgestalteten Mandats noch ungekürzt bis zu fünfzig oder sogar fünfundsiebzig vom Hundert seiner Dienstbezüge behalten könnte. Denn entweder muß er bei einer solchen Konstellation seine Dienstpflichten oder sein Mandat vernachlässigen, jedenfalls dann, wenn das Mandat tatsächlich in dem betreffenden Land den ganzen Menschen verlangt und damit als Hauptbeschäftigung eingestuft werden kann. Eine Einbeziehung der Bezüge aus der kompatiblen Teilzeitbeschäftigung in die Anrechnung könnte hier den erforderlichen Ausgleich bringen.

Beim Zusammentreffen der Entschädigung mit *Versorgungsbezügen aus öffentlichen Kassen* werden diese um fünfzig vom Hundert höchstens jedoch um fünfzig vom Hundert der Entschädigung gekürzt (§ 29 Abs. 2 Satz 1 AbgG). Das Gesetz wahrt hier den Vorrang der Entschädigung. Beim Zusammentreffen mit Versorgungsbezügen aus der Verwendung im öffentlichen Dienst einer zwischen- oder überstaatlichen Einrichtung schlägt es allerdings wieder mit Rücksicht auf den Geltungsbereich des Gesetzes den umgekehrten Weg einer Kürzung der Entschädigung ein (§ 29 Abs. 2 Satz 3 AbgG). Die Regelung erfaßt ebenso wie das Bundesministergesetz, aber anders als das Beamtenversorgungsgesetz vom 24. August 1976[214] nicht Renten aus der gesetzlichen Rentenversicherung, jedoch im Unterschied zum Bundesministergesetz auch Renten aus einer zusätzlichen Alters- und Hinterbliebenenversorgung für Angehörige des öffentlichen Dienstes (§ 29 Abs. 2 Satz 2 AbgG). Die Obergrenze von fünfzig vom Hundert der Entschädigung ist notwendig, damit die Annahme oder Fortsetzung eines Mandats für Personen mit relativ hohen Versorgungsbezügen wie ehemaligen langjährigen Regierungsmitgliedern nicht mit unverhältnismäßigen finanziellen Einbußen verbunden ist. Die Regelung des § 29 Abs. 2 AbgG ist insgesamt günstiger als die vergleichbare Regelung des Bundesministergesetzes (§ 20 Abs. 1), jedoch für Bezieher hoher Versorgungsbezüge ungünstiger als die einschlägige Vorschrift des Beamtenversorgungsgesetzes (§ 53 Abs. 2 Nr. 2), die

[214] BGBl. I S. 2485.

das Zusammentreffen von aktiven und passiven Bezügen nach Erreichen der allgemein für das Entstehen von Versorgungsansprüchen festgesetzten Altersgrenze von 65 Jahren regelt.

§ 29 Abs. 2 AbgG gilt auch für Abgeordnete, die dem Bundestag bereits vor Inkrafttreten der Neuregelung angehört haben[215]. Sollten sie eine hohe Altersversorgung aus einem öffentlich-rechtlichen Amts- oder Dienstverhältnis besitzen und eine verhältnismäßig hohe Anwartschaft auf eine Altersversorgung nach dem Diätengesetz 1968, dann könnten sie sich folglich im Einzelfall finanziell besser stehen, wenn sie ihr Mandat niederlegten und die nicht aufeinander anrechenbaren Versorgungsbezüge (§ 10 Diätengesetz 1968) in Anspruch nähmen[216]. Diese Folge der Neuregelung ergibt sich aus dem neuen Charakter der Entschädigung als einer „Vollalimentation aus der Staatskasse". Sie hätte sich nur durch eine Beschränkung der Regelung des § 29 Abs. 2 AbgG auf erstmals in den achten oder einen späteren Bundestag gewählte Abgeordnete vermeiden lassen. Eine solche Differenzierung hätte jedoch dem Verbot der Doppelalimentation und auch dem im „Diätenurteil" so betonten formalisierten Gleichheitssatz[217] widersprochen, da andernfalls die Angehörigen des öffentlichen Dienstes unter den Abgeordneten in ein und demselben Bundestag nach zweierlei Recht behandelt worden wären.

5.2.2 Die *Altersentschädigung* kann wie die Entschädigung mit einem Einkommen, aber auch mit Versorgungsbezügen aus einem Amtsverhältnis oder aus einer Verwendung im öffentlichen Dienst zusammentreffen. Das Gesetz sieht insoweit vor, daß die Altersentschädigung neben dem Einkommen oder den anderen Versorgungsbezügen um fünfzig vom Hundert des Betrages ruht, um den beide zusammengenommen die Entschädigung übersteigen (§ 29 Abs. 3 und 4 AbgG). Der Eingriff in die Altersentschädigung anstelle der anderen Bezüge empfahl sich hier schon mit Rücksicht auf sonst nicht auszuschließende Probleme der Gesetzgebungskom-

---

[215] Zu den Übergangsregelungen im einzelnen siehe unten S. 78 ff.

[216] Diese „Prämierung der Mandatsniederlegung" beanstandet Alois *Mertes* (Gerolstein), 259. Sitzung (s. Anm. 4), S. 18597 unter 3.

[217] BVerfG, a. a. O. (s. Anm. 1), S. 317–319.

petenz des Bundes[218]. Er stößt im Unterschied zur Regelung des § 29 Abs. 1 AbgG auch auf keine Bedenken, da die Altersentschädigung nicht in dem Maße wie die Entschädigung zur Sicherung der Unabhängigkeit des Abgeordneten beiträgt und damit nicht ebenso dem formalisierten Gleichheitssatz unterliegt, was sich schon an ihrer nach der Dauer der Mandatszeit gestaffelten Höhe zeigt.

Die Regelung des § 29 Abs. 3 AbgG ist im allgemeinen günstiger als die vergleichbaren Vorschriften des Bundesministergesetzes (§ 20 Abs. 2 Satz 1) und des Beamtenversorgungsgesetzes, soweit es das Zusammentreffen von aktiven und passiven Bezügen vor Vollendung des 65. Lebensjahres regelt (§ 53 Abs. 2 Nr. 1), teilweise jedoch ungünstiger, soweit es das Zusammentreffen dieser Bezüge nach Vollendung des 65. Lebensjahres erfaßt (§ 53 Abs. 2 Nr. 2). In dem mehr hypothetischen Fall des Zusammentreffens der Altersentschädigung mit einem Einkommen als Mitglied der Bundesregierung gleichen sich die Auswirkungen der Anrechnungsvorschriften.

Die Regelung des § 29 Abs. 4 AbgG wirkt sich im allgemeinen erheblich günstiger aus als die entsprechenden Vorschriften des Bundesministergesetzes (§ 20 Abs. 1 und 2) und des Beamtenversorgungsgesetzes (§ 54 Abs. 2 Nr. 1). Das gilt besonders im unteren Bereich, aber selbst bis hin zu ehemaligen Staatssekretären und liegt darin begründet, daß das Abgeordnetengesetz im Bereich der Versorgung von einer strengen Trennung der Lebensabschnitte von Amt und Mandat ausgeht, die Zeit der Mitgliedschaft im Bundestag also nicht mehr wie bisher als Dienstzeit im Sinne des Versorgungsrechts berücksichtigt wird (§ 7 Abs. 3 AbgG)[219]. Beim Zusammentreffen der Höchstversorgung als ehemaliger Abgeordneter und Bundeskanzler zieht die Regelung des § 29 Abs. 4 AbgG dagegen mit den dienstrechtlichen Vorschriften gleich, was insofern gerechtfertigt ist, als bei Mitgliedern der Bundesregierung, die zugleich Abgeordnete sind, und Parlamentarischen Staatssekretären weiterhin beide Versorgungsansprüche aufgrund derselben Zeiten erworben werden. Allerdings führt die Regelung des Abgeordnetengesetzes in diesem Bereich zu einer nicht befriedigenden Nivellierung

---

218 Dazu unten S. 71 ff.

219 Dazu oben S. 55/56.

zwischen den verbleibenden Gesamtversorgungsbezügen der Parlamentarischen Staatssekretäre einerseits und der Mitglieder der Bundesregierung andererseits.

Die Vorschrift des § 29 Abs. 4 AbgG war im Entwurf konzipiert im Zusammenhang mit einer Altersentschädigung, deren Höchstbetrag erst nach einer Mitgliedschaft im Bundestag von zwanzig Jahren erreicht werden konnte (§ 22 Abs. 4 i. V. m. § 18 Abs. 1 EAbgG)[220]. Die Höchstversorgung als Abgeordneter kann nunmehr jedoch bereits nach sechzehnjähriger Mitgliedschaft erworben werden (§ 20 Satz 2 AbgG)[221]. § 29 Abs. 4 AbgG wirkt sich daher in vielen Bereichen günstiger aus, als ursprünglich vorgesehen. Es sollte daher besonders von den Landesparlamenten erwogen werden, bei der Konstellation des Zusammentreffens zweier Versorgungsbezüge die Kürzungsgrenze nicht, wie in § 29 Abs. 4 Satz 1 AbgG geschehen, an der Entschädigung, sondern an der Höchstversorgung aus dem Mandat zu orientieren.

Im Vergleich zur Regelung der Absätze 3 und 4 des § 29 ist das Zusammentreffen der Versorgung als Bundestagsabgeordneter mit der Entschädigung oder Versorgung aus der Mitgliedschaft in einem Landesparlament erheblich strenger geregelt (§ 29 Abs. 5 und 6 AbgG). Hier bildet die Entschädigung oder die Höchstversorgung des Bundestages die absolute Höchstgrenze, die ohne Rücksicht auf die Höhe der im Einzelfall zusammentreffenden Bezüge nicht überschritten werden kann. Diese strengeren Anrechnungsvorschriften erklären sich daraus, daß das Abgeordnetengesetz die Mitgliedschaft in Bundestag und Landesparlament als einen einheitlichen politischen Lebensabschnitt betrachtet, wie dies auch in der Regelung des § 21 AbgG zum Ausdruck kommt[222]. Ein langjähriges Mitglied des Bundestages sollte sich zudem nicht schlechter stehen können als ein Politiker, der Versorgungsansprüche aus einem Landtags- und einem Bundestagsmandat erwirbt. Die unterschiedlichen Maßstäbe der Absätze 3 und 4 einerseits sowie der Absätze 5 und 6 in § 29 AbgG andererseits bedeuten von daher keinen Widerspruch.

---

[220] Materialien (s. Anm. 4), S. 20.
[221] Dazu oben S. 53.
[222] Materialien (s. Anm. 4), S. 21.

5.2.3 Bezüge aus einem Landtagsmandat, aus einem Amtsverhältnis oder aus einer Verwendung im öffentlichen Dienst werden schließlich auch auf das *Übergangsgeld* angerechnet (§ 18 Abs. 2 AbgG)[223]. Es handelt sich dabei im Unterschied zur Regelung in § 29 Abs. 1 bis 4 AbgG um eine volle Anrechnung. Diese Lösung ist aus der besonderen Funktion des Übergangsgeldes, dem ausscheidenden Abgeordneten den Wiederaufbau einer beruflichen Existenz oder den Anschluß an eine Altersversorgung zu ermöglichen[224], gerechtfertigt und geboten.

Die ungekürzte Zahlung von Übergangsgeld wäre allerdings auch bei den Abgeordneten nicht erforderlich, die nach Beendigung des Mandats aufgrund eines Einkommens oder einer Versorgung aus *„privaten Kassen"* ausreichend gesichert sind. Das Abgeordnetengesetz hat von einer Einbeziehung solcher privater Einkünfte in die Anrechnung allein aus Gründen der Praktikabilität abgesehen. In der Tat bedürfte es sonst einer Offenlegung der Einkommensverhältnisse während der gesamten Dauer des Anspruchs auf Übergangsgeld, und bei zur Einkommensteuer veranlagten ehemaligen Abgeordneten könnte sich die Endabrechnung häufig erst nach Ablauf einiger Jahre erstellen lassen. Daß sich die Höhe des Einkommens für die Dauer des Anspruchs auf Übergangsgeld manipulieren ließe[225], sollte dagegen nicht unterstellt und als Hindernis für eine Anrechnung privater Einkünfte angeführt werden.

Die Beschränkung der Anrechnung auf Bezüge aus öffentlichen Kassen ist aus den genannten Gründen vertretbar, befriedigt jedoch nicht. Es sollte vielmehr noch einmal überdacht werden, ob die mit einer Anrechnung privater Einkommen und Versorgungsbezüge verbundenen praktischen Schwierigkeiten nicht überwunden werden könnten[226]. Die aufgezeigte Ungleichheit rechtfertigt es aber nicht, insgesamt von einer Anrechnung anderer Bezüge auf das Übergangsgeld abzusehen. Dem stünde für Einkommen und Versorgungsbezüge aus einem Amtsverhältnis oder aus einer Verwen-

---

[223] Vgl. auch die Regelungen in § 102 Abs. 2 BVerfGG und § 20 Abs. 1 und 2 BMinG.

[224] Materialien (s. Anm. 4), S. 18; siehe auch Hans A. *Engelhard*, 259. Sitzung (s. Anm. 4), S. 18580 und oben S. 44/45.

[225] Materialien, (s. Anm. 4), S. 18.

[226] Gerhard *Jahn* (Marburg), 259. Sitzung (s. Anm. 4), S. 18576 (D).

dung im öffentlichen Dienst schon das grundsätzliche Verbot der Doppelalimentation aus öffentlichen Kassen entgegen. Denn das Übergangsgeld ist nicht als Ausgleich für infolge der Mandatsausübung entgangene berufliche Chancen und damit ein höheres Berufseinkommen gedacht, sondern als eine kurzfristig über das Mandat hinausreichende „Alimentation" des Abgeordneten. Es kommt hinzu, daß die bisher fehlende Anrechnung anderer Bezüge aus öffentlichen Kassen auf das Übergangsgeld (vgl. § 2 Diätengesetz 1968) besonders dann dem Ansehen des Parlaments schadete, wenn ein Abgeordneter in ein hohes öffentliches Amt wie das des Bundespräsidenten oder eines Richters am Bundesverfassungsgericht gewählt wurde[227]. Er konnte dann im Unterschied zum jetzigen Recht (§ 31 AbgG) nicht einmal auf das Übergangsgeld verzichten.

5.3 Probleme der Gesetzgebungskompetenz

Die Anrechnungsregelung des § 29 AbgG umgeht mögliche Probleme der Gesetzgebungskompetenz weithin dadurch, daß sie von einer Kürzung der Bezüge aus dem Bundestagsmandat ausgeht (Abs. 1 und 2 Satz 3 sowie Abs. 3 bis 6) oder das Zusammentreffen der Entschädigung aus dem Bundestagsmandat mit der Entschädigung oder Versorgung aus einem Landtagsmandat der Regelung durch die Länder überläßt. Diese Lücke erscheint auch mit Rücksicht auf die von Land zu Land unterschiedliche Höhe der Mandatsbezüge sachlich gerechtfertigt, so wenig die dafür gegebene Begründung[228] einer näheren Prüfung standhält[229].

Soweit die Bezüge aus dem Bundestagsmandat unangetastet bleiben, berührt die vorgesehene Anrechnung jedoch auch das Besoldungs- und Versorgungsrecht der Länder. Das ist der Fall bei der Regelung des § 29 Abs. 2 Satz 1 und 2 AbgG, die in die Versorgung der Beamten, Richter, Angestellten und Arbeiter der Länder, Gemeinden und nicht bundesunmittelbaren Körperschaften sowie der Mitglieder der Landesregierungen, der Parlamentarischen Staatssekretäre oder anderer Amtsträger auf Landesebene eingreift.

---

[227] Vgl. *Schmitt-Vockenhausen*, a. a. O. (s. Anm. 93), 3. Folge.
[228] Materialien (s. Anm. 4), S. 21.
[229] Dazu oben S. 63/64.

Reichweite und Art der Gesetzgebungskompetenz des Bundes wird hier wesentlich davon abhängen, ob die Anrechnungsregelung des § 29 AbgG als Dienstrecht oder als Parlamentsrecht zu qualifizieren ist. Das „Diätenurteil" spricht für eine Einordnung dieser Regelung in das Parlamentsrecht, da es selbst die Regelung der Rechtsstellung der Angehörigen des öffentlichen Dienstes des Bundes, der Länder und Gemeinden „materiell dem Recht des Status der Abgeordneten" zuordnet[230]. Ohne eine auf Art. 48 Abs. 3 GG gegründete Kompetenz des Bundes ließe sich auch eine umfassende, sachgerechte Anrechnung von Bezügen aus dem Bundestagsmandat und anderen öffentlichen Ämtern kaum verwirklichen. Aus dienstrechtlicher Sicht wäre zwar für die Regelung des § 29 Abs. 1 AbgG eine konkurrierende Gesetzgebungszuständigkeit des Bundes gegeben (Art. 74 a Abs. 1 GG), die aber im Falle des § 29 Abs. 2 AbgG, selbst bei einer äußerst weitherzigen Zuhilfenahme der Rahmenkompetenz des Art. 75 GG, zumindest nicht die Versorgungsbezüge von Mitgliedern einer Landesregierung, Parlamentarischen Staatssekretären und anderen Amtsträgern auf Landesebene erfassen könnte, soweit sie nicht dem öffentlichen Dienst im Sinne des Art. 74 a GG zugehören. Gerade in diesen Fällen des Zusammentreffens relativ hoher Bezüge ist die vorgesehene Anrechnung jedoch besonders notwendig.

Anstelle einer von Art. 48 Abs. 3 GG ausgehenden Lösung ließe sich eine möglichst umfassende Regelung der Anrechnung nur auf einem von *Maunz* zum bisherigen Rechtsstellungsgesetz des Bundes entwickelten Mittelweg erreichen[231], der über ein Kumulieren der verschiedenen, selbst gegensätzlichen Kompetenzen des Bundes und der Länder zu einer ungeschriebenen konkurrierenden Zuständigkeit des Bundes mit dem Erfordernis der Zustimmung des Bundesrates führen soll. Dieser Mittelweg könnte zu einem sachgerechten Ausgleich der Interessen des Bundes und der Länder bei so eng miteinander verflochtenen Materien beitragen, vermag jedoch in seiner ungewöhnlichen Konstruktion nicht recht zu überzeugen. Vorschriften des Bundes, die mit der Regelung des § 29 AbgG verglichen werden können, sind denn bisher auch kraft ausschließlicher

---

230 BVerfG, a. a. O. (s. Anm. 1), S. 321.

231 *Maunz*, a. a. O. (s. Anm. 1), Art. 137 Rn. 17–21.

Gesetzgebungskompetenz des Bundes ergangen. Es sei nur auf § 20 Abs. 1 des Bundesministergesetzes und seine übrigen Anrechnungsvorschriften, auf § 101 Abs. 3 Satz 3 des Gesetzes über das Bundesverfassungsgericht, aber auch das Rechtsstellungsgesetz des Bundes verwiesen. Ausgangspunkt für diese Regelungen war die Rechtsstellung der Mitglieder der Bundesregierung, des Bundesverfassungsgerichts oder das Wahlrecht des Bundes, aus dessen Sachzusammenhang ein Hinüberwirken in das Amts- und Dienstrecht der Länder gedeckt galt. In diesem Sinne kann sich auch die Regelung des § 29 AbgG insgesamt auf die ausschließliche Gesetzgebungszuständigkeit des Bundes für die Entschädigung der Mitglieder des Bundestages berufen. Es bedurfte dazu nicht der vom Bundesrat auch auf Art. 74 a Abs. 2 GG gestützten Zustimmung[232].

5.4 *Schlußbemerkung*

Die Anrechnungsregelung des Abgeordnetengesetzes ist zumindest beim Zusammentreffen der Entschädigung oder Altersentschädigung mit relativ niedrigen anderen Bezügen aus öffentlichen Kassen günstiger als die vergleichbaren Regelungen des Beamtenrechts[233]. Sie verhindert aber insgesamt doch in ausreichender Weise, daß in der Person eines Abgeordneten oder ehemaligen Abgeordneten ein Übermaß an verschiedenen Bezügen aus öffentlichen Kassen ungeschmälert erhalten bleibt. Die Regelung ist allerdings sehr schematisch, was im Unterschied zu den differenzierten Vorschriften des Beamtenrechts jedoch den Vorteil der Klarheit besitzt. Sie sollte aber mit Rücksicht auf die besondere Regelung der Hinterbliebenenversorgung (§ 25 AbgG) bei deren Zusammentreffen mit Verwendungseinkommen oder Versorgungsbezügen aus anderen öffentlichen Kassen noch um eine entsprechend niedrigere Höchstgrenze ergänzt werden, da die Verweisung des § 26 AbgG auf die für Bundesbeamte geltenden versorgungsrechtlichen Vorschriften nicht die sinngemäße Anwendung der für Hinterbliebene im Beamtenrecht vorgesehenen niedrigeren Höchstgrenzen (§§ 53

---

232 Bericht über die 442. Sitzung des Bundesrates (s. Anm. 4), S. 442 (B).

233 Daher insgesamt kritisch *v. Arnim*, a. a. O. (s. Anm. 198), S. 34 ff. Siehe auch die restriktiven Ausführungen des Beirats für Entschädigungsfragen, Materialien (s. Anm. 4), S. 32 (49/50).

bis 56 BeamtVG) einschließt. Der Kreis der vom Abgeordnetengesetz in die Anrechnung einbezogenen anderen Bezüge ist dagegen sogar weiter als im Bundesministergesetz und könnte von daher Anstoß zu dessen Novellierung geben.

6. Wahlvorbereitungsurlaub

Angehörige des öffentlichen Dienstes erhielten bisher zur Vorbereitung ihrer Wahl als Abgeordnete des Bundestages oder eines Landesparlaments einen Sonderurlaub für die Dauer von bis zu zwei Monaten, der allgemein voll ausgeschöpft wurde. Anderen Arbeitnehmern war es dagegen überlassen, die Dauer ihres Wahlvorbereitungsurlaubs im Einzelfall mit ihrem Arbeitgeber selbst auszuhandeln. Die Angehörigen des öffentlichen Dienstes besaßen zudem in dieser Zeit im Unterschied zu anderen Arbeitnehmern[233a] einen Anspruch auf Fortzahlung ihrer Dienstbezüge[234]. Diese besondere Regelung des Wahlvorbereitungsurlaubs für die Angehörigen des öffentlichen Dienstes stand im Widerspruch zum Grundsatz der Chancengleichheit[235] und war von daher entweder abzubauen oder entsprechend auf alle Wahlbewerber auszudehnen[236]. Das Abgeordnetengesetz hat diesem Anliegen im Grundsatz entsprochen, indem es zum einen allen Wahlbewerbern einen einheitlichen Anspruch auf Wahlvorbereitungsurlaub von bis zu zwei Monaten einräumt (§ 3 Satz 1 AbgG), zum anderen aber auch den Angehörigen des öffentlichen Dienstes für diese Zeit keinen Anspruch mehr auf Fortzahlung der Dienstbezüge gibt (§ 3 Satz 2 AbgG). Das Gesetz zur Neuregelung der Rechtsverhältnisse der Mitglieder des Deutschen Bundestages hat in seinen weiteren Artikeln folgerichtig aus-

---

[233a] Siehe Karl-Heinz *Seifert*, Bundeswahlrecht, 3. Aufl. 1976, S. 78 m. w. N.

[234] § 2 der Verordnung über Sonderurlaub für Bundesbeamte und Richter im Bundesdienst v. 18. 8. 1965 (BGBl. I S. 902), zuletzt geändert durch Verordnung v. 21. 12. 1972 (BGBl. I S. 2536); § 36 Abs. 1 DRiG; § 9 der Soldatenurlaubsverordnung v. 20. 5. 1957 (BGBl. I S. 529) i. d. F. der Bekanntmachung v. 23. 11. 1972 (BGBl. I S. 2151); für die anderen Angehörigen der Bundesverwaltung siehe das Rundschreiben des Bundesministers des Innern v. 27. 8. 1965 (GMBl. S. 295); für Angehörige des öffentlichen Dienstes der Länder und Gemeinden gelten entsprechende landesrechtliche Vorschriften.

[235] *Dietrich*, a. a. O. (s. Anm. 12), S. 100; *Henkel*, a. a. O. (s. Anm. 12), S. 23; a. A. *Schreiber*, a. a. O. (s. Anm. 210), S. 104.

[236] Vgl. *Schmitt-Vockenhausen*, a. a. O. (s. Anm. 93), 2. und 3. Folge.

drücklich bestimmt, daß Beamte, Richter und Soldaten, selbst soweit sie sich um ein Mandat in einem Landesparlament bewerben, Wahlvorbereitungsurlaub nur „unter Wegfall der Dienstbezüge" erhalten[237]. Ebenso wird der Wahlvorbereitungsurlaub für Angestellte und Arbeiter des öffentlichen Dienstes zu regeln sein.

Der Entwurf sah für *Richter* eine Ausnahme von dieser Regelung vor (§ 5 Satz 3 EAbgG i. V. m. Art. V Nr. 2 des Entwurfs). Im Unterschied zu den übrigen Angehörigen des öffentlichen Dienstes sollte es nicht ihrem freien Entschluß überlassen bleiben, ob sie den Wahlvorbereitungsurlaub in Anspruch nehmen, sondern sie sollten wie bisher für diese Zeit von Gesetzes wegen beurlaubt werden (§ 36 Abs. 1 DRiG) und weiter die vollen Dienstbezüge erhalten. Mit Rücksicht auf den Schutz des Vertrauens der Bürger in die Unabhängigkeit der Richter war diese Regelung vom Gleichheitssatz her nicht zu beanstanden, da die Richter im allgemeinen in anderer Weise als die Angehörigen der Exekutive als Person für den Bürger erkennbar unmittelbar nach außen wirken. Zudem können gerade in der Schlußphase des Wahlkampfs auf den als Wahlbewerber aufgestellten Richter Verfahren zur Entscheidung zukommen, bei denen er als befangen abgelehnt werden könnte oder doch der bloße Anschein der Befangenheit nicht zu vermeiden wäre. Wenn sich die vom Entwurf vorgeschlagene Lösung dennoch nicht durchsetzte, so lag dies daran, daß sie in sich nicht konsequent durchgeführt erschien. Denn die Parteien stellen in der Regel ihre Kandidaten lange vor dem Wahltag auf (vgl. §§ 21 Abs. 3 Satz 2, 27 Abs. 6 BWG) und bereits von diesem Zeitpunkt an, nicht erst während der letzten zwei Monate vor dem Wahltag, könnte der Richter als parteilich gelten. Der von Gesetzes wegen für den Richter angeordnete Wahlvorbereitungsurlaub sollte zudem aufgrund des Entwurfs mit dem Wahltag enden (Art. V Nr. 2 des Entwurfs). Sofern er danach keinen Erholungsurlaub antrat, war er bis zur Annahme seiner Wahl und damit in der Regel für etwa vierzehn Tage (vgl. §§ 41 Abs. 2, 42 Abs. 3, 45 Satz 1 BWG) zur Rückkehr in sein Amt verpflichtet, obgleich sich gerade in dieser Zeit der Eindruck der Befangenheit noch verstärken konnte. Die ursprüng-

[237] § 33 Abs. 1 BRRG/Art. III Nr. 3, § 89 Abs. 2 Satz 2 BBG/Art. IV Nr. 2, § 36 Abs. 1 DRiG/Art. V Nr. 2, § 28 Abs. 6 Soldatengesetz/Art. VI Nr. 3.

lich für Richter vorgesehene Ausnahme ist daher entfallen. Es wird ihnen künftig wie allen anderen Angehörigen des öffentlichen Dienstes Wahlvorbereitungsurlaub nur auf Antrag und unter Wegfall der Dienstbezüge gewährt (§ 36 Abs. 1 DRiG/Art. V Nr. 2). Diese Lösung ist zwar in sich konsequent, sie kann sich aber um so stärker zu Lasten des Vertrauens in die Unabhängigkeit der Richter auswirken.

Wegfall der Dienstbezüge bedeutet nun für Beamte, Richter und Soldaten auch *Wegfall ihres Anspruchs auf Beihilfe* in Krankheits-, Geburts- und Todesfällen. Diese Folge trifft nicht nur Angehörige des öffentlichen Dienstes, die sich um einen Sitz im Deutschen Bundestag bewerben, sondern auch Bewerber aus dem öffentlichen Dienst um ein Landtagsmandat. Es könnte dadurch dem einen oder anderen unmöglich gemacht werden, sich um ein Mandat zu bewerben[238]. Der Gesetzgeber sollte daher die Regelung des Wahlvorbereitungsurlaubs schon aus diesem Grunde noch einmal überdenken. Es könnten sich dabei mehrere Auswege anbieten. So könnte daran gedacht werden, während des Wahlvorbereitungsurlaubs die Dienstbezüge nur mit Ausnahme der Beihilfeansprüche entfallen zu lassen. Eine solche Regelung würde jedoch die Angehörigen des öffentlichen Dienstes unter den Wahlbewerbern privilegieren und könnte somit den Grundsatz der Chancengleichheit verletzen. Sie stieße auch dienstrechtlich auf Bedenken, da Sonderurlaub für Angehörige des öffentlichen Dienstes grundsätzlich mit dem Wegfall der Beihilfeansprüche gegen den Dienstherrn verbunden ist[239]. Es wäre daher eine einheitliche Regelung für alle Wahlbewerber vorzuziehen. Sie könnte darin bestehen, daß die Regelung des § 27 AbgG auf Wahlbewerber für die Dauer des Wahlvorbereitungsurlaubs ausgedehnt würde. Der Wahlbewerber könnte dann von dem jeweiligen Parlament wahlweise Beihilfe (§ 27 Abs. 1 AbgG) oder einen Zuschuß zu seinen Krankenversicherungsbeiträgen (§ 27 Abs. 2 AbgG) beanspruchen. Mißbrauch mit einer derartigen Regelung ist allerdings nicht auszuschließen. Es müßte unter Umständen für den Beihilfeanspruch ausdrücklich klargestellt werden, daß er nur Kosten für Behandlungen erfaßt, die nicht

[238] Dazu oben S. 32/33.
[239] Siehe die Sonderurlaubsverordnung des Bundes, a. a. O. (s. Anm. 234).

ebensogut vor oder nach dem Wahlvorbereitungsurlaub durchgeführt werden konnten oder können. Eine solche Regelung wäre ferner ein erster Schritt auf dem Wege zu einer Finanzierung auch des Lebensunterhalts der Wahlbewerber aus öffentlichen Mitteln, was seinerseits mit erheblichen Problemen verbunden ist[240]. Wer diesen weiteren Schritt nicht wünscht, müßte folglich schon an dieser Stelle darüber nachdenken, ob und wie die Parteien ihre Wahlbewerber während des Wahlvorbereitungsurlaubs nicht nur für Einkommenseinbußen entschädigen, sondern auch gegen Krankheit sichern sollten. So könnten die Parteien z. B. das Krankheitsrisiko ihrer Wahlbewerber durch einen Gruppenversicherungsvertrag auffangen. Wie auch immer die grundsätzliche Vorentscheidung ausfallen wird, liegt hier doch ein noch nicht zufriedenstellend gelöstes Problem vor.

Die neue Regelung des Wahlvorbereitungsurlaubs ist schließlich im Gegensatz zum bisherigen Recht für die Angehörigen des öffentlichen Dienstes ungünstiger als für Wahlbewerber aus anderen Berufsgruppen, da ein privater Arbeitgeber zwar nicht verpflichtet, aber auch nicht daran gehindert ist, während des Wahlvorbereitungsurlaubs den Lohn oder das Gehalt eines Arbeitnehmers weiterzuzahlen[241]. Eine Empfehlung des Ausschusses für Arbeit und Soziales, die das unterbinden wollte, ist nicht Gesetz geworden[242]. Die gegenwärtige Regelung des § 3 Satz 2 AbgG vermeidet es dadurch, die vom Abgeordnetengesetz noch nicht gelöste Frage der Vorkehrungen gegen Bezüge aus „sog. Beraterverträgen“[243] in dem Sinne zu präjudizieren, daß schon jedes Einkommen eines Abgeordneten ohne berufliche Gegenleistung als unzulässig zu behandeln wäre, selbst wenn der Leistende damit nicht die Absicht der Einflußnahme auf die freie Mandatsausübung verbindet.

Vom Gleichheitssatz her ist die für Angehörige des öffentlichen Dienstes, aber nicht nur für sie, ungünstige Regelung nicht zu beanstanden. Art. 137 Abs. 1 GG erlaubte für sie weit einschneidendere Eingriffe in den Grundsatz der allgemeinen und gleichen

---

240 Dazu unten S. 78.
241 Vgl. *Henkel*, a. a. O. (s. Anm. 30), S. 58 unter 2.1.3.
242 Bericht und Antrag (s. Anm. 4), S. 10.
243 Dazu unten S. 82 ff.

Wahl[244]. Der Abbau der bisherigen Regelung ist vom Grundsatz der Gewaltenteilung und dem Bemühen um eine ausgewogenere Zusammensetzung des Parlaments durchaus gerechtfertigt. Er entspricht auch der Aussage im „Diätenurteil"[245], daß es eine „Alimentation des Beamten für die Zeit, in der er trotz Dienstfähigkeit seiner Dienstpflicht nicht nachkommt und die geschuldete Dienstleistung nicht erbringt, ... außerhalb der das Beamtenverhältnis mitgestaltenden Elemente des Erholungsurlaubs, der Fortbildung und der kurzfristigen Dienstbefreiung nicht" gibt[246]. Die Regelung des § 3 Satz 2 AbgG war schließlich notwendig, um dem Mißstand abzuhelfen, daß die Parteien bisher in großer Zahl Angehörige des öffentlichen Dienstes auf aussichtslose Listenplätze setzten, um sich auf diese Weise aus öffentlichen Mitteln finanzierte Wahlkampfhelfer zu sichern[247]. Es wäre gleichwohl zu begrüßen, wenn der Bundestag für alle Wahlbewerber ein einheitliches Entschädigungssystem entwickelte[248], was allerdings nicht einfach sein dürfte, soll zugleich denkbarer Mißbrauch mit einer solchen öffentlichen Finanzierung des Wahlvorbereitungsurlaubs ausgeschlossen werden[249].

7. Übergangsregelungen

Das Abgeordnetengesetz zieht eine klare Linie zwischen ehemaligen und künftigen Mitgliedern des Bundestages. Das gilt für die Rechtsstellung der Angehörigen des öffentlichen Dienstes unter den Abgeordneten wie für die darin vorgesehenen Leistungen.

So werden die vor Inkrafttreten des Gesetzes aus dem Bundestag ausgeschiedenen Angehörigen des öffentlichen Dienstes weiterhin

---

244 Vgl. *Tsatsos,* Die parlamentarische Betätigung (s. Anm. 22), S. 94 ff., der zutreffend Art. 137 Abs. 1 GG als Ermächtigung für einen Eingriff in die durch Art. 38 Abs. 1 Satz 1 und 48 Abs. 2 GG garantierten Rechte beurteilt; ebenso *Seifert,* a. a. O. (s. Anm. 233 a), S. 45.

245 BVerfG, a. a. O. (s. Anm. 1), S. 322.

246 *Dietrich,* a. a. O. (s. Anm. 12), S. 100.

247 *Schmitt-Vockenhausen,* a. a. O. (s. Anm. 93), 2. Folge. Siehe auch die von Ulrich *Lohmar* ermittelten Ergebnisse aus einer Befragung der Wahlkreiskandidaten zum 8. Deutschen Bundestag (*ap.,* Der Bundestag hat erhebliche „Schlagseiten", General-Anzeiger (Bonn) v. 19. 10. 1976).

248 *Henkel,* a. a. O. (s. Anm. 12), S. 23; dagegen Hans A. *Engelhard,* 259. Sitzung (s. Anm. 4), S. 18581 (A).

249 Bericht und Antrag (s. Anm. 4), S. 7.

dem bisherigen Rechtsstellungsgesetz des Bundes von 1953 unterliegen (§ 36 Abs. 3 AbgG). Sie können also weiterhin im Ruhestand verbleiben und schon vor Erreichen der allgemein für den Ruhestand vorgesehenen Altersgrenze ein Ruhegehalt beziehen[250]. Sie erhalten ferner die übrigen mit dem Mandat verbundenen Leistungen auf der Grundlage des Diätengesetzes von 1968. So können sie wie bisher ein steuerfreies Übergangsgeld in Anspruch nehmen, auf das andere Bezüge aus öffentlichen Kassen nicht anzurechnen sind (§ 43 AbgG). Auch ihre Versorgung richtet sich nach altem Recht (§ 38 Abs. 1 AbgG). Sie wird daher nicht in das neu geschaffene Anrechnungssystem einbezogen (§ 39 Abs. 1 AbgG) und ist weiterhin allein mit dem Ertragsanteil zu versteuern.

Die in den achten oder einen späteren Bundestag gewählten Angehörigen des öffentlichen Dienstes unterstehen demgegenüber ganz dem neuen Recht. Befanden sie sich aufgrund des Rechtsstellungsgesetzes bereits im Ruhestand, so wird dieser Ruhestand aufgehoben und sie gelten als wieder in das aktive Dienstverhältnis berufen, sofern sie dafür noch die allgemeinen Voraussetzungen erfüllen. Gleichzeitig wird für sie das Ruhen der Rechte und Pflichten aus dem Dienstverhältnis angeordnet (§ 36 Abs. 1 Satz 1 und Abs. 2 AbgG). Damit werden die Angehörigen des öffentlichen Dienstes unter den Abgeordneten des 8. Bundestages ohne Unterschied nach neuem Recht behandelt, auch soweit sie bereits einem früheren Bundestag angehörten. Sie erhalten neben der Entschädigung nicht mehr wie bisher noch ein besonderes Ruhegehalt. Sie können ferner nach Ausscheiden aus dem Bundestag nicht mehr wie bisher im Ruhestand mit Ruhegehalt verbleiben, sondern sich nur wie erstmals gewählte Angehörige des öffentlichen Dienstes für das weitere Ruhen der Rechte und Pflichten aus dem Dienstverhältnis oder die Rückkehr in das frühere Dienstverhältnis entscheiden[251]. Diese strikte Regelung war mit Rücksicht auf den formalisierten Gleichheitssatz geboten, da sonst die Angehörigen des öffentlichen Dienstes in ein und demselben Parlament zweierlei Recht unterlegen hätten. Sie greift nicht in verfassungsrechtlich geschützte Rechte der Betroffenen ein, weil ihre bisherige Rechtsstellung nach

[250] Materialien (s. Anm. 4), S. 12.
[251] Dazu oben S. 39 ff.

Aussage des „Diätenurteils" ein Privileg darstellte, das seine Berechtigung in dem Augenblick verlor, in dem der Abgeordnete, wie nun durch das Abgeordnetengesetz geschehen, angemessen alimentiert wird[252].

Als Ausgleich für den Wegfall ihrer bisherigen Privilegien erhalten die Angehörigen des öffentlichen Dienstes ohne Unterschied die Leistungen nach neuem Recht. Dabei wird die Zeit der Mitgliedschaft im Bundestag vor Inkrafttreten des Abgeordnetengesetzes voll auf das künftige Übergangsgeld (§ 44 AbgG) und besonders auf die neue Altersentschädigung angerechnet (§ 38 Abs. 2 AbgG), obwohl die bisherigen Mandatszeiten weiterhin als Dienstzeiten im Sinne des Besoldungs- und Versorgungsrechts erhalten bleiben (§ 36 Abs. 1 Satz 2 und Abs. 2 AbgG)[253]. Die Überleitung aller wiedergewählten Mandatsträger in die neue Altersversorgung kann allerdings besonders für die Angehörigen des öffentlichen Dienstes dann, gemessen am bisherigen Recht, mit Einbußen verbunden sein, wenn sie neben der Altersentschädigung hohe Versorgungsbezüge oder ein hohes Einkommen aus anderen öffentlichen Kassen erhalten, da die neue Altersentschädigung nicht nur voll zu versteuern ist, sondern auch der Anrechnung unterliegt (§ 29 Abs. 3 und 4 AbgG)[254]. Um diese finanziellen Einbußen zu vermeiden, sieht das Abgeordnetengesetz zwei Wahlmöglichkeiten vor. Der Abgeordnete kann sich die zur bisherigen Altersversorgung geleisteten Beiträge zinslos erstatten lassen (§ 38 Abs. 3 AbgG). Die Zeit der Mitgliedschaft im Bundestag vor Inkrafttreten des Abgeordnetengesetzes bleibt dann bei der Festsetzung der Altersentschädigung nach neuem Recht unberücksichtigt. Er kann sich aber auch für eine Versorgung entscheiden, die sich aus einer nicht anrechenbaren und nur mit dem Ertragsanteil zu versteuernden Teilversorgung nach altem Recht für die Zeit der Mitgliedschaft vor und einer Teilversorgung nach neuem Recht für die Zeit der Mitgliedschaft nach Inkrafttreten des Abgeordnetengesetzes zusammensetzt (§ 38 Abs. 4 AbgG).

Diese beiden besonders mit Rücksicht auf die Angehörigen des öffentlichen Dienstes geschaffenen Wahlmöglichkeiten des § 38

[252] Materialien (s. Anm. 4), S. 12 (r. Sp.).
[253] Materialien (s. Anm. 4), S. 17 (zu § 10).
[254] Materialien (s. Anm. 4), S. 25 (zu § 39).

Abs. 3 und 4 AbgG durchbrechen zwar den Grundsatz, ehemalige Abgeordnete ganz nach altem und künftige Abgeordnete ganz nach neuem Recht zu behandeln. Ohne sie hätte die Überleitung in die neue Altersversorgung aber mit dem Einwand rechnen müssen, aus einer auf Versicherungsgrundlage organisierten Alters- und Hinterbliebenenversorgung (§ 4 Diätengesetz 1968) erwachsene privatrechtliche Versorgungsanwartschaften in unzulässiger Weise zu enteignen[255]. Die verfassungsrechtliche Tragweite dieses Einwands mag zweifelhaft sein, er war jedoch angesichts der bisherigen Rechtsprechung des Bundesverfassungsgerichts[256] zumindest nicht mit Sicherheit auszuschließen. Es hätte nun nahegelegen, auch für ehemalige Mitglieder des Bundestages und ihre Hinterbliebenen eine der Regelung des § 38 Abs. 2 bis 4 AbgG entsprechende Wahlmöglichkeit zwischen alter und neuer Altersversorgung einzuräumen[257]. Dafür hätte auch gesprochen, daß das Bundestagsmandat nicht erst seit dem 1. April 1977 als Hauptbeschäftigung mit „Vollalimentation" anzusehen ist und im Besoldungs- und Versorgungsrecht generelle Höhergruppierungen auch den bereits aus dem Dienst Ausgeschiedenen zugute kommen. Schließlich hat das Diätengesetz 1968 den vor seinem Inkrafttreten Ausgeschiedenen auf Antrag einen Anspruch auf die seinerzeit erstmals für Bundestagsabgeordnete eingeführte Altersversorgung gewährt (§ 22) und damit ehemalige und neue Mitglieder einander versorgungsrechtlich gleichgestellt, obwohl die ehemaligen Mitglieder keine Beiträge zu dieser Alters- und Hinterbliebenenversorgung entrichtet hatten. So sehr die Regelung des § 38 Abs. 1 AbgG daher von ehemaligen Mitgliedern und ihren Hinterbliebenen als ungerecht empfunden werden mag[257a], so ist sie doch zumindest verfassungsrechtlich gemessen am Gleichheitssatz nicht zu beanstanden[258], da das Abgeord-

---

[255] Bericht und Antrag (s. Anm. 4), S. 16 (zu § 38).

[256] Vgl. nur das „Contergan-Urteil" des BVerfG v. 8. 7. 1976 – 1 BvL 19/75 u. a. – und BVerfGE 36, 293 sowie 31, 289.

[257] Gerhard *Jahn* (Marburg), 259. Sitzung (s. Anm. 4), S. 18576/18577.

[257a] Der ehemalige Abgeordnete Linus *Kather* hat gegen diese Regelung bereits Verfassungsbeschwerde angekündigt (siehe seinen Leserbrief „Notfalls gehe ich auch vors Verfassungsgericht", Welt am Sonnntag v. 20. 3. 1977).

[258] Siehe zu der unvergleichbar krasseren Regelung des Hess. Abg. EntschG von 1968: BVerfGE 32, 157.

netengesetz im Grundsatz folgerichtig ehemalige Mitglieder nach altem und künftige Mitglieder nach neuem Recht behandelt, diese Trennung besonders für die Angehörigen des öffentlichen Dienstes unter den ehemaligen Abgeordneten nicht ohne Vorteile ist und die Ausnahme von dieser Konzeption (§ 38 Abs. 3 und 4 AbgG) notwendig war, um einen möglicherweise unzulässigen Eingriff in privatrechtliche Versorgungsanwartschaften zu vermeiden.

8. Fehlen gesetzlicher Vorkehrungen gegen Bezüge aus „sog. Beraterverträgen"

Das Abgeordnetengesetz baut die bisherigen Privilegien der Angehörigen des öffentlichen Dienstes unter den Abgeordneten konsequent ab, trifft aber nicht die in Leitsatz 5 des „Diätenurteils" verlangten gesetzlichen Vorkehrungen gegen Bezüge aus „sog. Beraterverträgen"[259]. Es ließe sich nun die These vertreten, das eine dürfe nicht ohne das andere geschehen, der Abbau der „Beamtenprivilegien" sei nur zulässig, wenn gleichzeitig auch das „Lobbygeldprivileg" beseitigt werde, sonst sei der Gleichheitssatz verletzt[260]. Ein gewisser innerer Zusammenhang zwischen den Aussagen des „Diätenurteils" zu den „Beamtenprivilegien" einerseits und den Einkünften aus unechten Beraterverträgen andererseits ist in der Tat nicht zu übersehen[261]. Leitsatz 5 versucht, die Folgen des

---

[259] Vgl. dazu: Friedrich Karl *Fromme*, Publizität für „Beraterverträge" von Abgeordneten, ZRP 1972, 225; *Henkel*, a. a. O. (s. Anm. 1), S. 820/821; ders., a. a. O. (s. Anm. 30), S. 57 unter 2.1.2; ders., a. a. O. (s. Anm. 5), unter 8.; Rainer *Hensel*, Mehr Transparenz für Verbandsabgeordnete, ZRP 1974, 177; Peter *Krause*, Freies Mandat und Kontrolle der Abgeordnetentätigkeit, DÖV 1974, 325; Jörg Detlef *Kühne*, Die Abgeordnetenbestechung, 1971; Karl Matthias *Meesen*, Beraterverträge und freies Mandat, Festschrift für Ulrich *Scheuner*, 1973, S. 431; *Menger*, a. a. O. (s. Anm. 1), S. 314; Heinrich Josef *Schröder*, Gesetzgebung und Verbände, 1976; *Thaysen*, a. a. O. (s. Anm. 1), S. 13—15.

[260] So *von Arnim*, a. a. O. (s. Anm. 198), S. 19 und 22; ders., a. a. O. (s. Anm. 52), S. 7 ff. Er stützt sich insoweit auch auf eine Stellungnahme aus dem Bundesministerium des Innern vom Oktober 1976 zum Entwurf eines Gesetzes zur Neuregelung der Rechtsverhältnisse der Mitglieder des Deutschen Bundestages, S. 22 und 33–34. Ebenso Alois *Mertes* (Gerolstein), 259. Sitzung (s. Anm. 4), S. 18596/18597.

[261] *Häberle*, a. a. O. (s. Anm. 1), S. 542 Fn. 75.

Verdikts über die bisherigen Ruhegehälter der Beamten unter den Abgeordneten wieder auszugleichen[262].

Die mit der Inkompatibilität von Amt und Mandat verbundene, durch keine finanzielle Vergünstigung mehr aufgewogene Benachteiligung der Angehörigen des öffentlichen Dienstes unter den Abgeordneten könnte allerdings allein dadurch völlig beseitigt werden, daß auch den übrigen Abgeordneten die Fortführung ihres bisherigen Berufs neben dem Mandat untersagt und folgerichtig ein *allgemeines Berufsausübungs- oder Nebentätigkeitsverbot* für Abgeordnete eingeführt würde[263]. Ein solches allgemeines Berufsausübungsverbot dürfte jedoch, zumindest ohne Grundgesetzänderung, nicht zulässig sein[264].

Die in der Inkompatibilität liegende Benachteiligung könnte aber schon dadurch abgemildert werden, daß allen Abgeordneten untersagt würde, ein den bisherigen Ruhegehältern der Beamten vergleichbares *„arbeitsloses" Einkommen* zu beziehen, sie also neben der Entschädigung nur noch ihrer (beruflichen) Leistung entsprechende Einkünfte erzielen dürften[265], was auch den Beamten unter den Abgeordneten außerhalb des öffentlichen Dienstes unbenommen bliebe[266]. Eine dahingehende Auslegung des Leitsatzes 5 liegt nahe, da sein Appell an den Gesetzgeber nicht allein aus dem unabhängigen Status der Abgeordneten, sondern auch aus „ihrem Anspruch auf gleichmäßige finanzielle Ausstattung in ihrem Mandat" abgeleitet sein will. Selbst innerhalb des Leitsatzes 5 ist dieses Zurückgreifen auf den formalisierten Gleichheitssatz jedoch nicht konsequent durchgehalten. Denn Bezüge aus einem „sog. Beratervertrag" sind danach nur dann unzulässig, wenn zwei Tatbestandsmerkmale kumulativ zusammentreffen: das objektive Moment des Beziehens von Einkünften ohne berufliche Gegenleistung *und* das subjektive Moment der vom Geldgeber verfolgten Absicht unzulässiger Einflußnahme auf die freie Mandatsausübung. „Arbeits-

---

[262] *Henkel*, a. a. O. (s. Anm. 1), S. 820 unter 8.

[263] *Conradi*, a. a. O. (s. Anm. 1), S. 122.

[264] Dazu oben S. 17 f. Vgl. auch Hans *Schueler*, Die Abgeordneten kneifen, Die Zeit v. 22. 10. 1976 und dazu den Leserbrief von Hermann *Dürr*, Die Zeit v. 12. 11. 1976.

[265] So *von Arnim*, a. a. O. (s. Anm. 52), S. 7 ff.

[266] Vgl. nur § 7 Nr. 10 BRAO/Art. VIII und oben S. 31.

loses“ Einkommen eines Abgeordneten ist somit nicht schon als solches zu beanstanden. Ein privater Arbeitgeber ist also zwar nicht verpflichtet[267], es bleibt ihm aber auch künftig unbenommen, einem in das Parlament gewählten Arbeitnehmer das Arbeitsentgelt ganz oder teilweise weiterzuzahlen, selbst wenn dieser während der Mandatszeit nicht die dafür geschuldete Gegenleistung erbringen kann[268]. Leitsatz 5 untersagt auch nicht Spenden an Abgeordnete für deren persönliche politische Arbeit[269], sondern will nur das Versprechen, Gewähren oder Annehmen von Geld unterbunden wissen, das (allein?)[270] in der Erwartung erfolgt, der Abgeordnete werde im Zusammenhang mit der Ausübung des Mandats die Interessen des Leistenden vertreten.

An dieser Analyse des Leitsatzes 5 wird deutlich, daß die vom „Diätenurteil“ verlangte Beseitigung der „Beamtenprivilegien“ und die geforderten Vorkehrungen gegen Bezüge aus „sog. Beraterverträgen“ bei allem Zusammenhang doch höchst unterschiedliche Sachverhalte ansprechen, die nicht über den Gleichheitssatz in eine unlösbare Verbindung gebracht werden können. Die gegenteilige Ansicht wäre zudem allenfalls dann vertretbar, wenn davon auszugehen wäre, wovon aber nicht ausgegangen werden kann, daß sich das Parlament nur aus Angehörigen des öffentlichen Dienstes einerseits und Lobbyisten andererseits zusammensetzte. So ist aber der vom Abgeordnetengesetz vollzogene Abbau der „Beamtenprivilegien“ schon allein um der Chancengleichheit derer willen gerechtfertigt, die sich um ein Mandat bewerben und es ausüben, ohne sich auf ein zusätzliches „arbeitsloses“ Einkommen stützen zu können. Ein Verstoß gegen den Gleichheitssatz kann darin nicht liegen, obgleich es aus vielfältigen anderen Gründen wünschenswert wäre, wenn der 8. Bundestag dem Aufruf seines Vorgängers folgte[271] und sich um geeignete und praktikable Vorkehrungen gegen Einkünfte aus unechten Beraterverträgen bemühte.

---

[267] Udo *Bertermann*, Der Einfluß eines Abgeordnetenmandats auf Dienst-, Arbeits- und Gesellschaftsverträge, Der Betriebs-Berater 1967, 270 (272); *Seifert*, a. a. O. (s. Anm. 233 a), S. 78.

[268] *Henkel*, a. a. O. (s. Anm. 30), S. 58 unter 2.1.3.

[269] Vgl. aber *von Arnim*, a. a. O. (s. Anm. 52), S. 23–25.

[270] Vgl. *von Arnim*, a. a. O. (s. Anm. 52), S. 19.

[271] Bericht und Antrag (s. Anm. 4), S. 7/8.

9. Schlußbetrachtungen

Das Gesetz über die Neuregelung der Rechtsverhältnisse der Mitglieder des Deutschen Bundestages ist geprägt von dem Bemühen um mehr Chancengleichheit für alle, die sich um ein Mandat bewerben und es ausüben wollen[272]. Es vollzieht insoweit konsequent das „Diätenurteil" und beseitigt die bisher den Angehörigen des öffentlichen Dienstes unter den Abgeordneten zustehenden Privilegien. Die Landesparlamente werden in den noch ausstehenden Gesetzen für ihre Mitglieder insoweit dem Vorbild des Bundestages folgen[273, 273a]. Es bleibt allerdings weiterhin fraglich, ob der vom Bundesverfassungsgericht eingeschlagene Weg in jeder Hinsicht vom Grundgesetz zwingend vorgezeichnet war[274].

Bei dem Versuch, so der „Verbeamtung der Parlamente" Einhalt zu gebieten, könnte jedoch unversehens der Abgeordnete selbst „verbeamtet" worden sein[275]. Er erhält künftig Beihilfen in

---

[272] Dieser Gedanke durchzieht die Berichte und Reden der Mitglieder aller Fraktionen (Stenographischer Bericht der 256. und 259. Sitzung, s. Anm. 4).

[273] Siehe: den von der Konferenz der Präsidenten der deutschen Länderparlamente erarbeiteten, noch nicht verabschiedeten „Entwurf eines Gesetzes über die Rechtsverhältnisse der Mitglieder des Landtags ..." (Stand: 20. April 1977); den Referentenentwurf eines „Gesetzes zur Änderung dienstrechtlicher Vorschriften aus dem Bundesministerium des Innern (Stand: 24. März 1977); den Entwurf eines Gesetzes über die Rechtsverhältnisse der Abgeordneten des Niedersächsischen Landtages (Niedersächsisches Abgeordnetengesetz) v. 9. 2. 1977 — Drs. 8/2260 — sowie dessen Erste Beratung (Stenographischer Bericht der 58. Sitzung des 8. Niedersächsischen Landtages am 17. 2. 1977, S. 5419). Zum Stand der Erörterung in den Landtagen siehe ausführlich Jürgen *Schmädeke*, Schwierigkeiten beim Privilegien-Verzicht, Der Tagesspiegel (Berlin) v. 20. 3. 1977, S. 3.

[273a] Selbst die Rechtsstellung der in das Europäische Parlament gewählten Angehörigen des deutschen öffentlichen Dienstes soll sich künftig weithin nach den Bestimmungen des Abgeordnetengesetzes des Bundestages richten (siehe den Entwurf eines Europaabgeordnetengesetzes v. 1. 4. 1977, Bundesrats-Drs. 168/77).

[274] Hermann *Schmitt-Vockenhausen*, 259. Sitzung (s. Anm. 4), S. 18570 (B); Herbert W. *Köhler* (Duisburg), 259. Sitzung (s. Anm. 4), S. 18595; *Menger*, a. a. O. (s. Anm. 1), S. 312 ff.

[275] Vgl. *Thaysen*, a. a. O. (s. Anm. 1), S. 16/17; *Häberle*, a. a. O. (s. Anm. 1), S. 541 Fn. 71; *Piehl*, a. a. O. (s. Anm. 140); *R. Z.*, Ziel verfehlt, Die Zeit v. 10. 12. 1976; Rolf *Zundel*, Ein Bonner Narrenparadies. Das Parlament in der Krise, Die Zeit v. 29. 4. 1977, S. 9 (10); Hans A. *Engelhard*, 259. Sitzung (s. Anm. 4), S. 18580 (B).

Krankheits-, Geburts- und Todesfällen wie ein Beamter (§ 27 Abs. 1 AbgG). Er bezieht wie dieser eine Altersversorgung in Gestalt einer „Staatspension", ohne eigene Beiträge dafür leisten zu müssen (§ 19 AbgG). Er hat wie ein Beamter für die Zeit seines aktiven „Berufslebens" Anspruch auf eine „Vollalimentation" aus der Staatskasse, deren konkrete Höhe sogar nach dem Vorbild eines Beamtengehalts, wenn auch das eines Wahlbeamten, bemessen ist[276]. Diese „Vollalimentation" ist zudem einbezogen in ein umfangreiches Anrechnungssystem mit anderen Bezügen aus öffentlichen Kassen, wie es nur im Recht des öffentlichen Dienstes zu finden ist (§§ 29, 18 Abs. 2 AbgG). Und auch sonst sind im Abgeordnetengesetz weitere Rückgriffe auf das Beamtenrecht anzutreffen (§§ 17 Abs. 2 und 3, 26 AbgG). Dies alles könnte den Eindruck erwecken, als ob das „Diätenurteil", wie befürchtet[277], den Abgeordneten in eine „Sonderlaufbahn des öffentlichen Dienstes" hineingedrängt habe[278]. Vielleicht werden die Abgeordneten demnächst sogar wie Beamte vor Annahme des Mandats zur Eidesleistung verpflichtet[279] oder wie diese in ein Amtshaftungssystem einbezogen[280], was bei der Betonung des Amtscharakters des Mandats durch das Bundesverfassungsgericht[281] nicht auszuschließen wäre.

---

[276] Materialien (s. Anm. 4), S. 5–7; Bericht und Antrag (s. Anm. 4), S. 6. Zu dieser unglücklichen Bezugsgröße: *Piehl,* a. a. O. (s. Anm. 140; Uwe *Thaysen,* Der atomisierte Abgeordnete, Deutsches Allgemeines Sonntagsblatt v. 24. 10. 1975; *von Arnim,* a. a. O. (s. Anm. 198), S. 24 ff., der in seiner Kritik aber seinerseits Funktion und Status des Abgeordneten verkennt.

[277] *Seuffert,* a. a. O. (s. Anm. 168), S. 335.

[278] Vor einer solchen Entwicklung warnt auch Curt *Becker* (Mönchengladbach), 259. Sitzung (s. Anm. 4), S. 18590/18591.

[279] Winfried *Steffani,* Ein Verfassungseid für Abgeordnete in Bund und Ländern, ZParl 1976, 86.

[280] Franz *Ruland,* Indemnität und Amtshaftung für Abgeordnete, Der Staat 1975, 457.

[281] BVerfG, a. a. O. (s. Anm. 1), S. 314; BVerfGE 38, 157 (166). Das von Heinhard *Steiger,* Organisatorische Grundlagen des parlamentarischen Regierungssystems, 1973, S. 67 ff., zur Charakterisierung der Rechtsstellung des Abgeordneten entwickelte „Amtswalterverhältnis" ist insoweit besonders fragwürdig (siehe die Besprechung von Ulrich *Scheuner,* DÖV 1976, 830).

Der Eindruck einer „Verbeamtung des Abgeordneten" trifft gleichwohl nicht zu. Das zeigt sich wiederum schon in einigen mehr äußerlichen Indizien. So bezeichnet das Abgeordnetengesetz das Einkommen des Abgeordneten bewußt nicht als „Alimentation", um nicht seinerseits wegen der beamtenrechtlichen Herkunft[282] und der dort nicht unumstrittenen Bedeutung[283] dieses Begriffs unzutreffende Rückschlüsse auf den Status der Mitglieder des Bundestages herauszufordern. Es verwendet auch nicht den vom Beirat für Entschädigungsfragen vorgeschlagenen Begriff des „Mandatsgehalts"[284], da das Einkommen des Abgeordneten eben nicht, wie das der Begriff des Gehalts voraussetzt, aus einem abhängigen Beschäftigungsverhältnis erwächst und zudem nicht als Entgelt für die parlamentarische Tätigkeit anzusehen ist[285]. Das Gesetz hält vielmehr an dem traditionellen, wenn auch in mancher Hinsicht gewandelten, und im Grundgesetz verankerten Begriff der Entschädigung (Art. 48 Abs. 3 GG) fest. Es ordnet ferner die Entschädigung mit Rücksicht auf ihren besonderen Charakter nicht den Einkünften aus selbständiger oder nichtselbständiger Arbeit zu, sondern führt sie als „sonstige Einkünfte" in das Einkommensteuergesetz ein (§ 22 Ziff. 4 EStG/Art. II Nr. 1)[286]. Die Entschädigung wird auch im Unterschied zu beamtenrechtlichen Gehältern ohne Rücksicht auf „Dienstalter" und parlamentarische Funktion für alle Abgeordneten gleich hoch bemessen, und es gibt kein gelegentlich gefordertes 13. Monatsgehalt[287] als besondere Treueprämie. Der Abgeordnete ist schließlich, ungeachtet aller Anleihen

---

[282] *Seuffert*, a. a. O. (s. Anm. 168), S. 336/337; *Menger*, a. a. O. (s. Anm. 1), S. 312.

[283] Vgl. Oskar Georg *Fischbach*, Bundesbeamtengesetz, 3. Aufl. 1965, S. VIII, 17 f. und Anm. zu § 82 Abs. 2; *Weiß*, a. a. O. (s. Anm. 195); Volker *Klinkhardt*, Die Alimentationstheorie im Beamtenrecht, ZBR 1961, 257; Walter *Wiese*, Streit um die Alimentationstheorie, VerwArch. Bd. 57 (1966), S. 240.

[284] Materialien (s. Anm. 4), S. 38.

[285] Materialien (s. Anm. 4), S. 57 (l. Sp.). Das Bundesverfassungsgericht spricht in seinem „Diätenurteil", a. a. O. (s. Anm. 1), S. 311 und 314, allerdings in einigen obiter dicta von „Entgelt", „Gehalt" oder „Besoldung". Dazu kritisch: *Seuffert*, a. a. O. (s. Anm. 188), S. 335.

[286] Materialien (s. Anm. 4), S. 8/9.

[287] Vgl. *dr.*, Diätenbeschluß noch im alten Bundestag?, Süddeutsche Zeitung v. 13. 11. 1976.

des Abgeordnetengesetzes beim Beamtenrecht, von seiner verfassungsrechtlichen Funktion, seinem Erscheinungsbild und seiner Tätigkeit her der Gegentyp des Beamten. Er schuldet nicht Dienste wie der Beamte[288], er ist nicht wie dieser in eine rechtlich vorgezeichnete Hierarchie eingeordnet oder vollzieht im Gesetz niedergelegte Entscheidungen. Der Abgeordnete ist und bleibt vielmehr unabhängiger Träger eines vom Volk ausgehenden Mandats zur Mitwirkung an den politischen Grundentscheidungen des staatlichen Gemeinwesens[289].

Ohne den repräsentativen Status[290] des Abgeordneten verändern zu wollen[291], gibt das Abgeordnetengesetz jedoch um der Chancengleichheit willen den Mitgliedern des Bundestages eine soziale Sicherheit, wie sie in mancher Hinsicht allein der Beamte besitzt[292]. Es nimmt dadurch dem Abgeordneten das mit der Übernahme und Ausübung eines Mandats verbundene persönliche und berufliche Risiko, soweit das überhaupt möglich ist. Die Parteien sind damit in der Auswahl ihrer Kandidaten freier geworden. Sie sind nicht mehr im bisherigen Maße zur Rücksichtnahme auf die persönlichen und beruflichen Umstände der Bewerber und damit zum Rückgriff auf Wahlbewerber aus dem öffentlichen Dienst gezwungen, wenn sie von vornherein das Risiko vermeiden wollen, im Falle einer nicht erwünschten weiteren Kandidatur für die ungesicherte Zukunft des Abgeordneten verantwortlich gemacht und dadurch in ihrer Entscheidungsfreiheit beengt zu werden[293]. Der hohe Anteil der Angehörigen des öffentlichen Dienstes unter den Abgeordneten

---

288 BVerfG, a. a. O. (s. Anm. 1), S. 316; *Seuffert*, a. a. O. (s. Anm. 188), S. 335/336. Siehe aber *Jellinek*, a. a. O. (s. Anm. 188), S. 172: „Allein durch die Annahme der Wahl übernimmt der einzelne (Abgeordnete) ebenso Amtspflichten wie der Beamte. Ein nur berechtigter Organträger ist überhaupt ein Unding."

289 *Scheuner*, a. a. O. (s. Anm. 281).

290 Zur Frage, ob der Abgeordnete überhaupt als Statusinhaber eingeordnet werden darf oder sich nicht wie jeder Aktivbürger im Stande einer „schlichten Rechtsstellung" bewegt: Arnold *Köttgen*, Abgeordnete und Minister als Statusinhaber, Gedächtnisschrift für Walter *Jellinek*, 1955, S. 195; Peter *Badura*, Bonner Kommentar, Art. 38 GG Rn. 50.

291 Annemarie *Renger*, 259. Sitzung (s. Anm. 4), S. 18588.

292 Vgl. kritisch Gerhard *Jahn* (Marburg), 259. Sitzung (s. Anm. 4), S. 18575 (C) und 18576 (C).

293 Hermann *Schmitt-Vockenhausen*, 259. Sitzung (s. Anm. 4), S. 18570 (C).

wird dennoch allein aufgrund des Abgeordnetengesetzes voraussichtlich nicht in nennenswertem Umfang zurückgehen, da er nicht nur auf die nunmehr abgebauten Privilegien der Rechtsstellungsgesetze des Bundes und der Länder zurückzuführen war[294], sondern in Deutschland auch traditionell bedingt ist, die besondere Aus- und Fortbildung sowie die zeitliche Dispositionsfreiheit der Angehörigen des öffentlichen Dienstes sie als Kandidaten begünstigt, sie gegenüber anderen Bewerbern auch künftig den Vorteil eines gesicherten Arbeitsplatzes besitzen und sich zudem von parteipolitischem Engagement infolge der zunehmenden Verflechtung von Politik und öffentlichem Dienst auch Vorteile für ihr berufliches Fortkommen versprechen können. Das Bundestagsmandat bleibt schließlich selbst finanziell weiterhin für die Angehörigen des öffentlichen Dienstes bis hin zu den oberen Besoldungs- und Vergütungsgruppen attraktiv. Es ist also nicht anzunehmen, daß künftig anstelle der Beamten in größerer Zahl Funktionäre von Verbänden und Lobbyisten[295] oder anstelle der Beamten des höheren Dienstes nun die Beamten des mittleren und gehobenen Dienstes verstärkt in das Parlament einziehen werden[296]. Um der Aufgabe des Bundestages willen, Vertretung des ganzen Volkes zu sein, wäre aber schon viel erreicht, wenn das Abgeordnetengesetz dem bisher ständigen Anwachsen der Zahl der Angehörigen des öffentlichen Dienstes unter seinen Mitgliedern wenigstens Einhalt gebieten könnte[297].

[294] *Dietrich,* a. a. O. (s. Anm. 12), S. 105; Hartmut *Klatt,* Die finanzielle Situation der in Parlamente der Bundesrepublik gewählten Angehörigen des öffentlichen Dienstes, ZParl 1976, 43 (47); *Henkel,* a. a. O. (s. Anm. 12), S. 24/25 m. w. N.

[295] Vgl. aber *von Arnim,* a. a. O. (s. Anm. 52), S. 7/8.

[296] Vgl. dazu Alois *Mertes* (Gerolstein), 259. Sitzung (s. Anm. 4), S. 18597 (B); *Häberle,* a. a. O. (s. Anm. 1), S. 541/542; *Menger,* a. a. O. (s. Anm. 1), S. 314; Friedrich Karl *Fromme,* In Bonn reifen die Früchte des Zorns, Frankfurter Allgemeine v. 8. 12. 1976.

[297] Vgl. Annemarie *Renger,* 259. Sitzung (s. Anm. 4), S. 18589 (C).

Anhang
Auszug aus dem

Gesetz über die Rechtsverhältnisse der Mitglieder des Deutschen Bundestages (Abgeordnetengesetz — AbgG)

vom 18. 2. 77
(BGBl. I, S. 297)

Erster Abschnitt
Erwerb und Verlust der Mitgliedschaft im Bundestag

§ 1

Erwerb und Verlust der Mitgliedschaft im Bundestag

Erwerb und Verlust der Mitgliedschaft im Bundestag regeln sich nach den Vorschriften des Bundeswahlgesetzes in der Fassung der Bekanntmachung vom 1. September 1975 (BGBl. I S. 2325).

Zweiter Abschnitt
Mitgliedschaft im Bundestag und Beruf

§ 2

Schutz der freien Mandatsausübung

(1) Niemand darf gehindert werden, sich um ein Mandat im Bundestag zu bewerben, es anzunehmen oder auszuüben.

(2) Benachteiligungen am Arbeitsplatz im Zusammenhang mit der Bewerbung um ein Mandat sowie der Annahme und Ausübung eines Mandats sind unzulässig.

(3) Eine Kündigung oder Entlassung wegen der Annahme oder Ausübung des Mandats ist unzulässig. Eine Kündigung ist im übrigen nur aus wichtigem Grunde zulässig. Der Kündigungsschutz beginnt mit der Aufstellung des Bewerbers durch

das dafür zuständige Organ der Partei oder mit der Einreichung des Wahlvorschlags. Er gilt ein Jahr nach Beendigung des Mandats fort.

§ 4

Berufs- und Betriebszeiten

(1) Die Zeit der Mitgliedschaft im Bundestag ist nach Beendigung des Mandats auf die Berufs- und Betriebszugehörigkeit anzurechnen.

(2) Im Rahmen einer bestehenden betrieblichen oder überbetrieblichen Altersversorgung wird die Anrechnung nach Absatz 1 nur im Hinblick auf die Erfüllung der Unverfallbarkeitsfristen des § 1 des

§ 3

Wahlvorbereitungsurlaub

Einem Bewerber um einen Sitz im Bundestag ist zur Vorbereitung seiner Wahl innerhalb der letzten zwei Monate vor dem Wahltag auf Antrag Urlaub von bis zu zwei Monaten zu gewähren. Ein Anspruch auf Fortzahlung seiner Bezüge besteht für die Dauer der Beurlaubung nicht.

Gesetzes zur Verbesserung der betrieblichen Altersversorgung vom 19. Dezember 1974 (BGBl. I S. 3610) vorgenommen.

Dritter Abschnitt

Rechtsstellung der in den Bundestag gewählten Angehörigen des öffentlichen Dienstes

§ 5

Ruhen der Rechte und Pflichten aus einem öffentlich-rechtlichen Dienstverhältnis

(1) Die Rechte und Pflichten aus dem Dienstverhältnis eines in den Bundestag gewählten Beamten mit Dienstbezügen ruhen vom Tage der Annahme der Wahl für die Dauer der Mitgliedschaft mit Ausnahme der Pflicht zur Amtsverschwiegenheit und

des Verbots der Annahme von Belohnungen und Geschenken. Der Beamte hat das Recht, seine Amts- oder Dienstbezeichnung mit dem Zusatz „außer Dienst" („a. D.") zu führen. Bei unfallverletzten Beamten bleiben die Ansprüche auf das Heilverfahren und einen Unfallausgleich unberührt. Satz 1 gilt längstens bis zum Eintritt oder bis zur Versetzung in den Ruhestand.

(2) Für den in den einstweiligen Ruhestand versetzten Beamten gilt Absatz 1 längstens bis zum Eintritt oder bis zur Versetzung in den dauernden Ruhestand sinngemäß.

(3) Einem in den Bundestag gewählten Beamten auf Widerruf im Vorbereitungsdienst ist auf seinen Antrag Urlaub ohne Anwärterbezüge zu gewähren. Wird der Beamte nach Bestehen der Laufbahnprüfung zum Beamten auf Probe ernannt, so ruhen seine Rechte und Pflichten aus diesem Dienstverhältnis nach Absatz 1 von dem Tage an, mit dem die Ernennung wirksam wird.

§ 6

Wiederverwendung nach Beendigung des Mandats

(1) Nach der Beendigung der Mitgliedschaft im Bundestag ruhen die in dem Dienstverhältnis eines Beamten begründeten Rechte und Pflichten für längstens weitere sechs Monate. Der Beamte ist auf seinen Antrag, der binnen drei Monaten seit der Beendigung der Mitgliedschaft zu stellen ist, spätestens drei Monate nach Antragstellung wieder in das frühere Dienstverhältnis zurückzuführen. Das ihm zu übertragende Amt muß derselben oder einer gleichwertigen Laufbahn angehören wie das zuletzt bekleidete Amt und mit mindestens demselben Endgrundgehalt ausgestattet sein. Vom Tage der Antragstellung an erhält er die Dienstbezüge des zuletzt bekleideten Amtes.

(2) Stellt der Beamte nicht binnen drei Monaten seit der Beendigung der Mitgliedschaft im Bundestag einen Antrag nach Absatz 1, so ruhen die in dem Dienstverhältnis begründeten Rechte und Pflichten (§ 5 Abs. 1) weiter bis zum Eintritt oder bis zur Versetzung in den Ruhestand. Die oberste Dienstbehörde kann den Beamten jedoch, wenn er weder dem Bundestag mindestens zwei Wahlperioden angehört noch bei Beendigung der Mitgliedschaft im Bundestag das fünfundfünfzigste Lebensjahr vollendet hat, unter Übertragung eines Amtes im Sinne des Absatzes 1 Satz 3 wieder in das frühere Dienstverhältnis zurückführen; lehnt der Beamte die Rückführung ab oder folgt er ihr nicht, so ist er entlassen. Satz 2 ist nicht anzuwenden, wenn der Beamte während der Dauer seiner Mitgliedschaft im Bundestag Mitglied der Bundesregierung gewesen ist.

§ 7

Dienstzeiten im öffentlichen Dienst

(1) Das Besoldungsdienstalter eines Beamten wird unbeschadet der Regelung des § 23 Abs. 5 nach Beendigung der Mitgliedschaft im Bundestag um die Hälfte der Dauer der Mitgliedschaft hinausgeschoben.

(2) Wird der Beamte nicht nach § 6 in das frühere Dienstverhältnis zurückgeführt, so wird das Besoldungsdienstalter um die Zeit nach Beendigung der Mitgliedschaft im Bundestag bis zum Eintritt des Versorgungsfalles hinausgeschoben.

(3) Die Zeit der Mitgliedschaft im Bundestag gilt unbeschadet der Regelung des § 23 Abs. 5 nicht als Dienstzeit im Sinne des Versorgungsrechts. Das gleiche gilt für die Zeit nach der Beendigung der Mitgliedschaft im Bundestag, wenn der Beamte nicht nach § 6 in das frühere Dienstverhältnis zurückgeführt wird.

(4) Nach Beendigung der Mitgliedschaft im Bundestag ist die Zeit der Mitgliedschaft auf laufbahn-

rechtliche Dienstzeiten, mit Ausnahme der Probezeit, anzurechnen.

(5) Nach Beendigung der Mitgliedschaft im Bundestag ist die Zeit der Mitgliedschaft auf Dienst- und Beschäftigungszeiten bei Arbeitnehmern des öffentlichen Dienstes anzurechnen; im Rahmen einer bestehenden zusätzlichen Alters- und Hinterbliebenenversorgung gilt dies nur im Hinblick auf Vorschriften, die die Anwartschaft oder den Anspruch dem Grunde nach regeln.

§ 8

Beamte auf Zeit, Richter, Soldaten und Angestellte des öffentlichen Dienstes

(1) Die §§ 5 bis 7 gelten für Richter, Berufssoldaten und Soldaten auf Zeit entsprechend.

(2) Die Rechte und Pflichten aus dem Dienstverhältnis eines Soldaten auf Zeit ruhen längstens für die Dauer der Verpflichtungszeit und eines Beamten auf Zeit längstens für die Zeit, für die er in das Beamtenverhältnis berufen worden ist.

(3) Absatz 2 und die Vorschriften der §§ 5, 6 und 7 Abs. 1 bis 4 gelten sinngemäß für Angestellte des öffentlichen Dienstes. Öffentlicher Dienst im Sinne dieser Vorschrift ist die Tätigkeit im Dienste des Bundes, eines Landes, einer Gemeinde oder anderer Körperschaften, Anstalten oder Stiftungen des öffentlichen Rechts oder ihrer Verbände mit Ausnahme der öffentlich-rechtlichen Religionsgesellschaften und ihrer Verbände.

§ 9

Professoren

Durch Gesetz kann vorgesehen werden, daß einzelne Rechte und Pflichten eines in den Bundestag gewählten Professors an einer Hochschule im Sinne des § 43 des Hochschulrahmengesetzes vom 26. Januar 1976 (BGBl. I S. 185) erhalten bleiben. Die dafür festzusetzenden Bezüge dürfen ein Drittel der bisherigen Bezüge nicht überschreiten.

§ 10

Wahlbeamte auf Zeit

Die Länder können durch Gesetz für Wahlbeamte auf Zeit von § 6 abweichende Regelungen treffen.

Vierter Abschnitt
Leistungen an Mitglieder des Bundestages

§ 11

Entschädigung

(1) Ein Mitglied des Bundestages erhält eine monatliche Entschädigung von 7 500 Deutsche Mark.

(2) Der Präsident des Bundestages erhält eine Amtszulage von 7 500 Deutsche Mark, seine Stellvertreter erhalten eine Amtszulage von 3 750 Deutsche Mark.

§ 12

Amtsausstattung

(1) Ein Mitglied des Bundestages erhält zur Abgeltung seiner durch das Mandat veranlaßten Aufwendungen eine Amtsausstattung als Aufwandsentschädigung. Die Amtsausstattung umfaßt Geld- und Sachleistungen.

(2) Ein Mitglied des Bundestages erhält eine monatliche Kostenpauschale für

1. die Unterhaltung eines Büros außerhalb des Sitzes des Bundestages, Büromaterial, Porto, Telefon außerhalb des Sitzes des Bundestages, Wahlkreisbetreuung,
2. Mehraufwendungen am Sitz des Bundestages und bei Reisen mit Ausnahme von Auslandsdienstreisen,

3. Kosten für Fahrten in Ausübung des Mandats innerhalb der Bundesrepublik Deutschland unbeschadet der Regelungen in den §§ 16 und 17

in Höhe von 4 500 Deutsche Mark.

(3) Aufwendungen für die Beschäftigung von Mitarbeitern werden nach Maßgabe des Haushaltsgesetzes ersetzt.

(4) Zur Amtsausstattung gehören auch die Bereitstellung eines eingerichteten Büros am Sitz des Bundestages, die Benutzung von Verkehrsmitteln gemäß § 16, die Benutzung der Dienstfahrzeuge und der Fernmeldeanlagen des Bundestages sowie die sonstigen Leistungen des Bundestages.

(5) Der Präsident des Bundestages erhält eine monatliche Amtsaufwandsentschädigung von 2 000 Deutsche Mark, seine Stellvertreter erhalten eine monatliche Amtsaufwandsentschädigung von 600 Deutsche Mark.

(6) Ein Mitglied des Bundestages, dem ein Dienstwagen des Bundes zur ausschließlichen Verfügung steht, erhält eine um fünfundzwanzig vom Hundert verminderte Kostenpauschale.

Fünfter Abschnitt

Leistungen an ehemalige Mitglieder des Bundestages und ihre Hinterbliebenen

§ 18

Übergangsgeld

(1) Ein ausscheidendes Mitglied mit einer Mitgliedschaft von mindestens einem Jahr erhält Übergangsgeld. Das Übergangsgeld wird in Höhe der Entschädigung nach § 11 für jedes Jahr der Mitgliedschaft einen Monat und für jede Mitgliedschaft während der ganzen Dauer einer Wahlperiode drei weitere Monate, höchstens jedoch drei Jahre lang,

geleistet. Zeiten einer früheren Mitgliedschaft im Bundestag, für die bereits Übergangsgeld gezahlt worden ist, bleiben unberücksichtigt. Eine Mitgliedschaft im Bundestag von mehr als einem halben Jahr gilt als volles Jahr.

(2) Bezüge aus der Mitgliedschaft im Parlament eines Landes, aus einem Amtsverhältnis oder aus einer Verwendung im öffentlichen Dienst werden angerechnet.

(3) Auf Antrag ist das Übergangsgeld nach Absatz 1 in einer Summe oder monatlich zum halben Betrag für den doppelten Zeitraum zu zahlen. Bei Auszahlung des Übergangsgeldes in halben Monatsbeträgen wird die Hälfte der Zeiten und Wahlperioden nach Absatz 1 Satz 3 bei der erneuten Festsetzung des Übergangsgeldes berücksichtigt.

(4) Tritt das ehemalige Mitglied wieder in den Bundestag ein, ruht bei monatlicher Zahlung der Anspruch nach Absatz 1. Wurde das ehemalige Mitglied in einer Summe abgefunden, ist der Betrag, der bei monatlicher Zahlung ruhen würde, zu erstatten. Der Präsident bestimmt, in welchen Teilbeträgen zu erstatten ist.

(5) Stirbt ein ehemaliges Mitglied, werden die Leistungen nach Absatz 1 an den überlebenden Ehegatten, die leiblichen Abkömmlinge sowie die als Kind angenommenen Kinder fortgesetzt oder ihnen belassen, wenn Versorgungsansprüche nach diesem Gesetz nicht entstehen.

(6) Absatz 1 gilt nicht, wenn das Mitglied die Mitgliedschaft im Bundestag auf Grund des § 15 Abs. 2 Nr. 2 des Bundeswahlgesetzes verliert. Der Präsident kann die Zahlungen aussetzen, wenn ein Verfahren zu erwarten ist, das die Folgen nach § 15 Abs. 2 Nr. 2 des Bundeswahlgesetzes nach sich zieht.

§ 19

Anspruch auf Altersentschädigung

Ein Mitglied erhält nach seinem Ausscheiden eine Altersentschädigung, wenn es das fünfundsechzigste Lebensjahr vollendet und dem Bundestag sechs Jahre angehört hat. Mit jedem weiteren Jahr bis zum sechzehnten Jahr der Mitgliedschaft im Bundestag entsteht der Anspruch auf Altersentschädigung ein Lebensjahr früher. § 18 Abs. 1 letzter Satz gilt entsprechend.

§ 20

Höhe der Altersentschädigung

Die Altersentschädigung beträgt bei einer Mitgliedschaft von sechs Jahren fünfundzwanzig vom Hundert der Entschädigung nach § 11 Abs. 1. Sie erhöht sich für jedes weitere Jahr der Mitgliedschaft bis zum sechzehnten Jahr um fünf vom Hundert. Die Zeit der Wahrnehmung der Ämter des Präsidenten und seiner Stellvertreter wird der Berechnung der Altersentschädigung nach Satz 1 und 2 mit der Entschädigung nach § 11 einschließlich der Amtszulage zugrunde gelegt. § 18 Abs. 1 letzter Satz gilt entsprechend.

§ 21

Berücksichtigung von Landtagszeiten

(1) Zeiten der Mitgliedschaft im Parlament eines Landes der Bundesrepublik Deutschland gelten auf Antrag als Zeiten der Mitgliedschaft im Sinne des § 19. Werden dadurch die Voraussetzungen für einen Anspruch nach diesem Gesetz erfüllt, so wird Altersentschädigung gezahlt.

(2) Die Höhe der Altersentschädigung beträgt für jedes Jahr der tatsächlichen Mitgliedschaft im Bundestag ein Sechstel der Mindestaltersentschädigung nach § 20 Satz 1. § 20 Satz 3 und 4 findet entsprechende Anwendung.

§ 23

Versorgungsabfindung

(1) Ein Mitglied, das bei seinem Ausscheiden weder eine Anwartschaft noch einen Anspruch auf Altersentschädigung nach den §§ 19 bis 22 erworben hat, erhält für die Zeit der Zugehörigkeit zum Bundestag auf Antrag eine Versorgungsabfindung. Sie wird für jeden angefangenen Monat der Mitgliedschaft im Bundestag in Höhe des für diesen Monat jeweils geltenden Höchstbeitrages zur Rentenversicherung der Angestellten zuzüglich zwanzig vom Hundert dieses Höchstbeitrages gezahlt.

(2) Mitglieder, die die Versorgungsabfindung nach Absatz 1 in Anspruch nehmen, können abweichend von den Regelungen des § 1418 der Reichsversicherungsordnung oder des § 140 des Angestelltenversicherungsgesetzes freiwillige Beiträge für die Zeit der Mitgliedschaft im Bundestag, die noch nicht mit Beiträgen zur gesetzlichen Rentenversicherung belegt ist, zur Rentenversicherung der Arbeiter oder zur Rentenversicherung der Angestellten nachentrichten. Die Beiträge können nur bis zum Ablauf von zwei Jahren nach dem Ausscheiden aus dem Bundestag nachentrichtet werden. Sie sind an den Träger des Versicherungszweiges zu zahlen, in dem das Mitglied zuletzt Beiträge entrichtet hat. Sind zuletzt Beiträge zur knappschaftlichen Rentenversicherung entrichtet oder sind noch keine Beiträge entrichtet worden, so sind sie an die Bundesversicherungsanstalt für Angestellte zu zahlen. Die nachentrichteten Beiträge werden nach Maßgabe der im Jahr des Ausscheidens aus dem Bundestag geltenden Werte bewertet.

(3) Der Absatz 2 gilt entsprechend für eine zusätzliche Alters- und Hinterbliebenenversorgung.

(4) Der Absatz 2 ist nicht anzuwenden, wenn und soweit die Zeit der Mitgliedschaft im Bundestag in

einer öffentlich-rechtlichen Versicherung oder in einer Versorgung nach dienstrechtlichen Grundsätzen berücksichtigt ist oder berücksichtigt wird. Ist eine Nachversicherung durchzuführen, nachdem bereits Beiträge nach Absatz 2 nachentrichtet worden sind, so werden diese nachentrichteten Beiträge zurückgezahlt.

(5) Anstelle der Versorgungsabfindung nach Absatz 1 wird die Zeit der Mitgliedschaft im Bundestag auf Antrag als Dienstzeit im Sinne des Besoldungs- und Versorgungsrechts der Beamten, Richter und Soldaten berücksichtigt.

(6) Hat ein Mitglied einen Antrag nach Absatz 1 oder Absatz 5 gestellt, so beginnen im Falle des Wiedereintritts in den Bundestag die Fristen für die Mitgliedschaftsdauer nach § 19 erneut zu laufen.

(7) Die Absätze 2 und 4 gelten entsprechend für ein ausscheidendes Mitglied des Parlaments eines Landes, soweit landesrechtliche Vorschriften eine Versorgungsabfindung im Sinne des Absatzes 1 vorsehen.

(8) Verliert ein Mitglied des Parlaments eines Landes die Mitgliedschaft, ohne daß für die Zeit der Mitgliedschaft Anspruch oder Anwartschaft auf eine einmalige oder laufende Versorgung auf Grund seiner Parlamentszugehörigkeit besteht, so gelten die Absätze 2 und 4 entsprechend.

§ 25

Hinterbliebenenversorgung

(1) Der überlebende Ehegatte eines Mitglieds oder ehemaligen Mitglieds des Bundestages erhält sechzig vom Hundert der Altersentschädigung, sofern der Verstorbene im Zeitpunkt seines Todes Anspruch auf Altersentschädigung hatte oder die Voraussetzungen für die Gewährung einer Altersentschädigung erfüllte.

(2) Der überlebende Ehegatte eines Mitglieds oder ehemaligen Mitglieds des Bundestages, das unabhängig vom Lebensalter die Voraussetzung der Mitgliedschaftsdauer nach § 19 erfüllt, erhält sechzig vom Hundert der Altersentschädigung, deren Höhe sich nach § 20 bestimmt.

(3) Hat ein Mitglied des Bundestages die Voraussetzungen des § 19 noch nicht erfüllt, so erhält der überlebende Ehegatte sechzig vom Hundert der Mindestaltersentschädigung nach § 20.

(4) Die leiblichen Abkömmlinge und die als Kind angenommenen Kinder eines ehemaligen Mitglieds, das zur Zeit seines Todes Altersentschädigung erhalten hätte, eines verstorbenen Mitglieds oder eines verstorbenen Empfängers von Altersentschädigung erhalten Waisengeld. Es beträgt für die Vollwaise zwanzig und die Halbwaise zwölf vom Hundert der Altersentschädigung nach den Absätzen 1 bis 3.

§ 26

Anwendung beamtenrechtlicher Vorschriften

Soweit in diesem Gesetz nichts anderes bestimmt ist, sind die für die Bundesbeamten geltenden versorgungsrechtlichen Vorschriften sinngemäß anzuwenden. Verwendung im öffentlichen Dienst im Sinne dieses Abschnittes bestimmt sich nach § 53 Abs. 5 des Beamtenversorgungsgesetzes vom 24. August 1976 (BGBl. I S. 2485).

Sechster Abschnitt

Zuschuß zu den Kosten in Krankheits-, Geburts- und Todesfällen, Unterstützungen

§ 27

Zuschuß zu den Kosten in Krankheits-, Geburts- und Todesfällen

(1) Mitglieder des Bundestages und Versorgungsempfänger nach diesem Gesetz erhalten einen Zuschuß zu den notwendigen Kosten in Krankheits-, Geburts- und Todesfällen in sinngemäßer Anwendung der Beihilfevorschriften für Bundesbeamte.

(2) Anstelle des Anspruchs auf den Zuschuß nach Absatz 1 erhalten die Mitglieder und Versorgungsempfänger einen Zuschuß zu ihren Krankenversicherungsbeiträgen, wenn sie nicht nach den Vorschriften der Reichsversicherungsordnung oder des Gesetzes über die Krankenversicherung der Landwirte Anspruch auf einen Zuschuß zu ihren Krankenversicherungsbeiträgen haben. Als Zuschuß ist die Hälfte des Krankenversicherungsbeitrags, höchstens jedoch ein Betrag von 180 Deutsche Mark monatlich, zu zahlen.

(3) Die Entscheidung darüber, ob das Mitglied anstelle der Leistungen nach Absatz 1 den Zuschuß nach Absatz 2 in Anspruch nehmen will, ist innerhalb von vier Monaten nach Annahme des Mandats dem Präsidenten des Bundestages mitzuteilen; die Entscheidung ist für die Dauer der Wahlperiode unwiderruflich. Versorgungsempfänger haben die Entscheidung innerhalb von vier Monaten nach Zustellung des Versorgungsbescheides dem Präsidenten mitzuteilen; sie bleiben an diese Entscheidung gebunden.

Siebenter Abschnitt

Anrechnung beim Zusammentreffen mehrerer Bezüge aus öffentlichen Kassen

§ 29

Anrechnung beim Zusammentreffen mehrerer Bezüge aus öffentlichen Kassen

(1) Hat ein Mitglied des Bundestages neben der Entschädigung nach § 11 Anspruch auf Einkommen aus einem Amtsverhältnis oder aus der Verwendung im öffentlichen Dienst, so wird die Entschädigung nach § 11 um fünfzig vom Hundert gekürzt; der Kürzungsbetrag darf jedoch dreißig vom Hundert des Einkommens nicht übersteigen.

(2) Versorgungsansprüche aus einem Amtsverhältnis oder aus einer Verwendung im öffentlichen Dienst ruhen neben der Entschädigung nach § 11 um fünfzig vom Hundert, höchstens jedoch um fünfzig vom Hundert der Entschädigung nach § 11 Abs. 1. Entsprechendes gilt für Renten aus einer zusätzlichen Alters- und Hinterbliebenenversorgung für Angehörige des öffentlichen Dienstes; § 55 Abs. 3 und 4 des Beamtenversorgungsgesetzes ist sinngemäß anzuwenden. Erhält ein Mitglied des Bundestages Versorgungsbezüge aus einer Verwendung im öffentlichen Dienst einer zwischenstaatlichen oder überstaatlichen Einrichtung, sind § 8 des Bundesbesoldungsgesetzes in der Fassung des Zweiten Gesetzes zur Vereinheitlichung und Neuregelung des Besoldungsrechts in Bund und Ländern vom 23. Mai 1975 (BGBl. I S. 1173), zuletzt geändert durch das Sozialgesetzbuch vom 23. Dezember 1976 (BGBl. I S. 3845), und die dazu ergangenen Übergangsvorschriften sinngemäß anzuwenden mit der Maßgabe, daß die Entschädigung nach § 11 Abs. 1 um höchstens fünfzig vom Hundert gekürzt wird.

(3) Versorgungsansprüche nach diesem Gesetz ruhen neben dem Einkommen aus einem Amtsverhältnis oder einer Verwendung im öffentlichen

Dienst um fünfzig vom Hundert des Betrages, um den sie und das Einkommen die Entschädigung nach § 11 Abs. 1 übersteigen.

(4) Versorgungsansprüche nach diesem Gesetz ruhen neben Versorgungsbezügen aus einem Amtsverhältnis oder aus einer Verwendung im öffentlichen Dienst um fünfzig vom Hundert des Betrages, um den sie und die Versorgungsbezüge aus dem Amtsverhältnis oder der Verwendung im öffentlichen Dienst die Entschädigung nach § 11 Abs. 1 übersteigen. Entsprechendes gilt beim Bezug einer Rente aus einer zusätzlichen Alters- und Hinterbliebenenversorgung für Angehörige des öffentlichen Dienstes; § 55 Abs. 3 und 4 des Beamtenversorgungsgesetzes ist sinngemäß anzuwenden. Beim Bezug einer Versorgung aus einer Verwendung im öffentlichen Dienst einer zwischenstaatlichen oder überstaatlichen Einrichtung sind § 56 des Beamtenversorgungsgesetzes und die dazu ergangenen Übergangsvorschriften sinngemäß anzuwenden mit der Maßgabe, daß Versorgungsbezüge nach diesem Gesetz mindestens in Höhe von fünfzig vom Hundert der Entschädigung nach § 11 Abs. 1 verbleiben.

(5) Bezieht ein ehemaliges Mitglied des Bundestages Versorgungsbezüge nach diesem Gesetz und eine Entschädigung aus der Mitgliedschaft in dem Parlament eines Landes, so ruht sein Versorgungsanspruch nach diesem Gesetz in Höhe des Betrages, um den beide Bezüge die Entschädigung nach § 11 Abs. 1 übersteigen. Entsprechendes gilt für die Hinterbliebenen (§ 25).

(6) Bezieht ein ehemaliges Mitglied des Bundestages Versorgungsbezüge nach diesem Gesetz und aus der Mitgliedschaft im Parlament eines Landes, so ruht der Versorgungsanspruch nach diesem Gesetz in Höhe des Betrages, um den beide Versorgungsbezüge die Höchstversorgungsbezüge nach diesem Gesetz übersteigen. Entsprechendes gilt für die Hinterbliebenen (§ 25).

(7) Die Absätze 1 bis 4 sind nicht auf Leistungen nach dem Gesetz über die Gewährung einer jährlichen Sonderzuwendung in der Fassung des Artikels VI Nr. 2 des Gesetzes vom 23. Mai 1975 (BGBl. I S. 1173), geändert durch Artikel 14 des Gesetzes vom 18. Dezember 1975 (BGBl. I S. 3091), oder entsprechende Leistungen auf Grund tariflicher Regelungen anzuwenden. Bei Anwendung der Absätze 1 bis 4 sind ein Unfallausgleich und Aufwandsentschädigungen außer Betracht zu lassen.

(8) Die Verwendung im öffentlichen Dienst bestimmt sich nach § 53 Abs. 5 des Beamtenversorgungsgesetzes.

Achter Abschnitt
Gemeinsame Vorschriften

§ 31

Verzicht, Übertragbarkeit

Ein Verzicht auf die Entschädigung nach § 11 und auf die Leistungen nach § 12 sowie nach dem Fünften Abschnitt mit Ausnahme des § 18 und dem Sechsten Abschnitt ist unzulässig. Die Ansprüche aus § 12 sind nicht übertragbar. Der Anspruch auf Entschädigung nach § 11 ist nur bis zur Hälfte übertragbar.

§ 32

Beginn und Ende der Ansprüche, Zahlungsvorschriften

(1) Die in den §§ 11, 12, 16, 27 und 28 geregelten Ansprüche entstehen mit dem Tag der Annahme der Wahl, auch wenn die Wahlperiode des letzten Bundestages noch nicht abgelaufen ist.

(2) Ausgeschiedene Mitglieder erhalten die Entschädigung nach § 11 bis zum Ende des Monats, in dem sie ausgeschieden sind, und die Geldleistungen nach § 12 Abs. 2 bis zum Ende des darauf folgenden Monats. Die Rechte nach § 16 erlöschen vierzehn Tage nach dem Ablauf der Wahlperiode.

(3) Die Aufwendungen für die Beschäftigung von Mitarbeitern werden längstens bis zum Ende des fünften Monats nach dem Monat des Ausscheidens ersetzt, es sei denn, das Arbeitsverhältnis wird zu einem früheren Zeitpunkt beendet.

(4) Die Altersentschädigung wird vom Ersten des auf das anspruchsbegründende Ereignis folgenden Monats bis zum Ablauf des Monats gewährt, in dem der Berechtigte stirbt.

(5) Der Anspruch auf Altersentschädigung ruht während der Zeit, für die ein Anspruch auf Übergangsgeld besteht.

(6) Altersentschädigung nach diesem Gesetz wird nicht gezahlt, wenn das Mitglied oder das ehemalige Mitglied seine Mitgliedschaft im Bundestag auf Grund des § 15 Abs. 2 Nr. 2 des Bundeswahlgesetzes verliert oder verlieren würde. Für die Zeit der Mitgliedschaft im Bundestag gilt § 23.

(7) Für Mitglieder, die nach Inkrafttreten dieses Gesetzes aus dem Bundestag ausscheiden, gilt § 27 für die Dauer des Bezugs von Übergangsgeld nach § 18, mindestens jedoch für die Dauer von sechs Monaten.

(8) Die Entschädigung nach § 11 und die Geldleistungen nach § 12 Abs. 2 und §§ 20 bis 27 werden monatlich im voraus gezahlt. Ist nur ein Teil zu leisten, so wird für jeden Kalendertag ein Dreißigstel gezahlt; § 33 gilt entsprechend.

§ 34

Ausführungsbestimmungen

Der Ältestenrat des Bundestages kann Ausführungsbestimmungen zu diesem Gesetz erlassen.

Neunter Abschnitt
Übergangsregelungen

§ 35
Ersatz der Aufwendungen für Mitarbeiter

Bis zur Verkündung des Haushaltsgesetzes 1977 werden einem Mitglied des Bundestages die Aufwendungen für die Beschäftigung von Mitarbeitern bis zur Höhe von 3 865 Deutsche Mark im Monat zuzüglich Sozialleistungen als Aufwandsentschädigung ersetzt.

§ 36
Übergangsregelung für die Angehörigen des öffentlichen Dienstes

(1) Der auf Grund des Gesetzes über die Rechtsstellung der in den ersten Deutschen Bundestag gewählten Angehörigen des öffentlichen Dienstes vom 11. Mai 1951 (BGBl. I S. 297) oder des Gesetzes über die Rechtsstellung der in den Deutschen Bundestag gewählten Angehörigen des öffentlichen Dienstes vom 4. August 1953 (BGBl. I S. 777), zuletzt geändert durch das Gesetz vom 21. August 1961 (BGBl. I S. 1557), sowie einer entsprechenden Regelung eines Landes in den Ruhestand getretene Beamte, der in den achten Bundestag gewählt worden ist oder in einen späteren Bundestag gewählt wird, gilt mit dem Tage der Annahme der Wahl, frühestens jedoch mit dem Inkrafttreten dieses Gesetzes, wieder als in das Beamtenverhältnis unter gleichzeitigem Ruhen der Rechte und Pflichten (§ 5 Abs. 1) berufen, sofern er die allgemeinen Voraussetzungen für die Berufung in das Beamtenverhältnis noch erfüllt. Im übrigen bleiben die bis zum Inkrafttreten dieses Gesetzes nach den §§ 4 und 4 a letzter Satz des Gesetzes über die Rechtsstellung der in den Deutschen Bundestag gewählten Angehörigen des öffentlichen Dienstes vom 4. August 1953 begründeten Ansprüche erhalten.

(2) Absatz 1 gilt entsprechend für Richter, Berufssoldaten und Soldaten auf Zeit sowie sinngemäß für Angestellte des öffentlichen Dienstes.

(3) Für ehemalige Mitglieder des Bundestages bleiben die nach dem Gesetz über die Rechtsstellung der in den Deutschen Bundestag gewählten Angehörigen des öffentlichen Dienstes vom 4. August 1953 begründeten Rechte erhalten.

§ 37

Versorgung vor 1968 ausgeschiedener Mitglieder

Der Präsident gewährt auf Antrag einem ehemaligen Mitglied, das vor dem 1. Januar 1968 aus dem Bundestag ausgeschieden ist, sowie seinen Hinterbliebenen vom Ersten des Monats der Antragstellung an Leistungen aus der Alters- und Hinterbliebenenversorgung nach dem Diätengesetz 1968 vom 3. Mai 1968 (BGBl. I S. 334), zuletzt geändert durch Artikel VIII des Gesetzes vom 18. Februar 1977 (BGBl. I S. 297).

§ 38

Versorgung für Zeiten vor Inkrafttreten dieses Gesetzes

(1) Ein Mitglied des Bundestages, das in der Zeit vom 1. Januar 1968 bis zum Inkrafttreten dieses Gesetzes ausgeschieden ist, und seine Hinterbliebenen erhalten Versorgung nach dem Diätengesetz 1968.

(2) Ein Mitglied des Bundestages, das dem Bundestag bereits vor Inkrafttreten dieses Gesetzes angehört hat und erst nach seinem Inkrafttreten aus dem Bundestag ausscheidet, erhält Altersentschädigung nach diesem Gesetz; dabei wird die Zeit der Mitgliedschaft vor Inkrafttreten dieses Gesetzes berücksichtigt.

(3) Anstelle der Altersentschädigung nach Absatz 2 werden auf Antrag die nach § 4 des Diätengesetzes 1968 geleisteten eigenen Beiträge zur Alters- und Hinterbliebenenversorgung zinslos erstattet. In diesem Falle bleiben die Zeiten der Mit-

gliedschaft im Bundestag vor Inkrafttreten dieses Gesetzes bei der Festsetzung der Altersentschädigung nach diesem Gesetz unberücksichtigt. Im Falle des § 23 wird nur die halbe Versorgungsabfindung gezahlt.

(4) Anstelle der Altersentschädigung nach Absatz 2 erhält ein Mitglied des Bundestages, das die Voraussetzungen des § 5 Abs. 1 und des § 7 a Abs. 1 des Diätengesetzes 1968 erfüllt, für die Zeit der Mitgliedschaft im Bundestag vor Inkrafttreten dieses Gesetzes auf Antrag Ruhegeld nach dem Diätengesetz 1968; für die Zeit nach Inkrafttreten dieses Gesetzes wird Altersentschädigung nach diesem Gesetz mit der Maßgabe gewährt, daß für jedes Jahr der Mitgliedschaft fünf vom Hundert der Entschädigung nach § 11 Abs. 1 gezahlt werden. Die anrechenbaren Zeiten vor und nach Inkrafttreten dieses Gesetzes dürfen sechzehn Jahre nicht übersteigen. Das gleiche gilt für Hinterbliebene.

(5) Der Antrag gemäß Absatz 3 und 4 ist innerhalb von sechs Monaten nach Inkrafttreten dieses Gesetzes beim Präsidenten des Bundestages zu stellen.

§ 39

Anrechnung früherer Versorgungsbezüge

(1) Versorgungsbezüge nach dem Diätengesetz 1968 werden gemäß § 10 Diätengesetz 1968 nicht in die Anrechnung nach § 29 Abs. 3 und 4 einbezogen.

(2) Versorgungsbezüge nach dem Diätengesetz 1968 werden neben einer Entschädigung oder einer Versorgung aus der Mitgliedschaft in einem Landtag (§ 29 Abs. 5 und 6) nur mit dem Teil in die Anrechnung einbezogen, der nicht auf eigenen Beiträgen beruht. Angerechnete Zeiten nach § 21 des Diätengesetzes 1968 gelten als Beitragszeiten.

§ 43

Weiterzahlung des Übergangsgeldes

Ein ehemaliges Mitglied des Bundestages, das beim Inkrafttreten dieses Gesetzes Aufwandsentschädigung nach dem Diätengesetz 1968 bezieht, behält diesen Anspruch.

§ 44

Anrechnung von Zeiten für das Übergangsgeld

Zeiten der Mitgliedschaft im Bundestag, die vor Inkrafttreten dieses Gesetzes liegen, werden bei der Berechnung des Zeitraumes, für den Übergangsgeld zu zahlen ist, berücksichtigt.

Zehnter Abschnitt

Geltungsbereich, Inkrafttreten

§ 46

Inkrafttreten

(1) Dieses Gesetz tritt unbeschadet der Absätze 2 und 3 am 1. April 1977 in Kraft. Soweit nicht in diesem Gesetz, in § 121 des Deutschen Richtergesetzes in der Fassung der Bekanntmachung vom 19. April 1972 (BGBl. I S. 713), zuletzt geändert durch Artikel V des Gesetzes vom 18. Februar 1977 (BGBl. I S. 297), und in § 25 des Soldatengesetzes in der Fassung der Bekanntmachung vom 19. August 1975 (BGBl. I S. 2273), zuletzt geändert durch Artikel VI des Gesetzes vom 18. Februar 1977 (BGBl. I S. 297), etwas anderes bestimmt ist, treten gleichzeitig das Diätengesetz 1968 (BGBl. I S. 334), zuletzt geändert durch Artikel VIII des Gesetzes vom 18. Februar 1977 (BGBl. I S. 297), und das Gesetz über die Rechtsstellung der in den Deutschen Bundestag gewählten Angehörigen des öffentlichen Dienstes vom 4. August 1953 (BGBl. I S. 777), zuletzt geändert durch das Gesetz vom 21. August 1961 (BGBl. I S. 1557), außer Kraft.

(2) Für Professoren an Hochschulen im Sinne des § 43 des Hochschulrahmengesetzes vom 26. Januar 1976 (BGBl. I S. 185) gelten die §§ 5 bis 7 und 9 mit Beginn der auf das Inkrafttreten dieses Gesetzes folgenden Wahlperiode.

(3) § 35 tritt am 1. Januar 1977 in Kraft.

FSC
www.fsc.org
MIX
Papier | Fördert gute Waldnutzung
FSC® C083411

Kolibri 360 GmbH
Ferdinand-Jühlke-Straße 7
99095 Erfurt, Deutschland
produktsicherheit@kolibri360.de